GIULIETTA
SHAKESPEARE

DE LA MÊME AUTRICE

Romans

Alice au pays des femmes, Flammarion, 2022 ; J'ai Lu 2023.
Amrita, Flammarion, 2020 ; J'ai Lu 2022.
Le Songe du photographe, Albin Michel, 2017, prix des Romancières, prix Marguerite Puhl-Demange, prix Albert Bichot, Grand Prix Mazars, prix des lycéens du salon de Chaumont.
La Transcendante, Albin Michel, 2013, prix Révélation de la rentrée de la Forêt des Livres.
La nuit n'éclaire pas tout, Albin Michel, 2011, prix Cazes-Lipp.
Le Paon du jour, éditions du Rocher, 2007.
Dieu a égaré mon numéro de téléphone, Mercure de France, 2004.
Juste à la porte du jardin d'éden, Mercure de France, 2001.
Toro, éditions de l'Arsenal, 1994, sélection France Culture, « Premier roman, première dramatique ».

Nouvelles

L'Oiseau de la vingt-quatrième heure, in *24 Histoires du Mans*, collectif, Belfond, 2017.
La Véritable nage papillon, in *Va y avoir du sport*, collectif, Gallimard/L'écrit du Cœur, 2006.
Un tour sur les montagnes russes, éditions du Rocher, 2005.
Vie et mort en magasin, éditions du Rocher, 2004.
Mon teckel à roulettes est un philosophe, éditions du Rocher, 2004.

(suite en fin d'ouvrage)

PATRICIA REZNIKOV

GIULIETTA SHAKESPEARE

roman

BERNARD GRASSET
PARIS

Photo de la bande : Frans II Pourbus (1569-1622) :
Portrait de Dame, identifiée comme Anne Boleyn (v. 1507-1536),
reine d'Angleterre, vers 1620-1625. Huile sur toile, 46,17 cm × 36,5 cm
– Pinacotheque Malaspina, Pavie, Italie. © Aurimages

ISBN 978-2-246-83334-5

« Je possède deux mémoires. La mienne et celle de Shakespeare, que je suis devenu partiellement. Ou plutôt, deux mémoires me possèdent. Il y a une zone où elles se confondent. Il y a un visage de femme que je ne sais à quel siècle attribuer. »

Jorge Luis BORGES, *La Mémoire de Shakespeare.*

« Le torrent sans fin de recherche académique n'a presque rien apporté à notre connaissance de l'homme Shakespeare, aux traits en creux de la véritable personne, qui n'ont survécu dans presque aucun document. »

George STEINER, *No Passion Spent.*

À mes parents, pour se souvenir.

1.

Londres

Rêverie.

A World of Words. Un monde de mots. Des milliers, des millions de mots.

Des vocables souvent anciens, parfois archaïques, chatoyants, alambiqués, mais toujours paradoxalement modernes, méticuleusement choisis, obsessionnellement triés, soupesés, bricolés, inventés quelquefois, parfois même arrimés ensemble. Proposés au monde tels des attelages précieux et audacieux, des chars d'anciens pharaons aux conquêtes bibliques qu'on aurait repeints aux couleurs d'une Angleterre encore médiévale, d'une Italie déjà moderne, des équipages aux pouvoirs ensorcelants, capables d'émouvoir, de faire pleurer, frémir, et de faire s'esclaffer les foules et les rois.

Des mots à la puissance d'évocation vertigineuse, véhiculant des notions, des pensées, des visions si pénétrantes, si riches, si douloureusement justes que c'en est terrassant.

Des mots propres à donner à l'esprit humain des contours si précis, si vrais, des couleurs si éclatantes, jusque même dans toutes les nuances du noir.

Des phrases, des répliques, des reparties accordées en secret, chéries, polies, habitées de destins, chargées d'une profondeur de gouffres. Puis copiées à la plume sur des rames de papier *impérial* pour être ensuite confiées, sous le manteau, à un ou plusieurs intermédiaires jamais nommés, tenus au secret. Un commerce interdit d'expressions, de notions, de vers et de pensées, acheminés, des années durant, en grand travestissement, jusqu'à la scène. Jusqu'à son arène palpitante.

Totus mundus agit histrionem. Le monde entier est un théâtre.

Il s'agit d'une aventure de l'esprit et du temps, singulière et unique, comparable à nulle autre jusqu'à aujourd'hui. Une entreprise impossible à entrevoir tout à fait dans sa totalité, à comprendre dans ses plus profondes motivations. À analyser dans ses mécanismes et ses rouages. Étonnamment, par-delà les pourpoints et les plumes, les manuscrits et les gibets, les habitudes de cour et celles des tavernes d'un temps qui ne suscite en nous plus guère que de l'incompréhension et des images toutes faites, l'œuvre est encore à nous parler aujourd'hui, à nous dire qui nous sommes. De toute éternité.

Et l'auteur de cette œuvre est un fantôme. *A ghost.* En italien : *un fantasma.*

Un spectre discret et plein d'humour qui, à côté des hautes pensées sur les monarques et leurs royaumes, sur la perte et le deuil, sur la douleur de l'exil, de la folie et de la mort, ne dédaigne pas les rires gras et les promesses d'ivrognes, les potins de mégères et les jeux de l'amour.

Je laisse mon esprit divaguer.

Je vois cet homme de dos, penché sur sa table, concentré. Son *doublet*, son pourpoint de velours sombre est animé de riches reflets. Sa collerette tuyautée est blanche, immaculée. Autour de son cou, des chaînes d'or. Il se tient dans sa maison de Shoe Lane. Sur sa lourde table en chêne teinté de noir, des dictionnaires Anglais-Italien en évidence, reliés d'un cuir de veau clair estampé d'or. Des bibles, celle des Évêques, celle de Genève, plusieurs autres, toutes usées par des années de consultations fébriles et méthodiques. Des feuilles de papier *impérial* blanc, épais et lisse, dont les coins remontent, des plumes de diverses tailles, des roseaux, un stylet en argent dans un gobelet en étain, un encrier de verre et de cuivre. Près de sa main droite un verre de vin clair, du *Rhenish*.

Je contourne la table et l'observe de côté. L'homme a quarante ans. Il est de taille moyenne, mince. Son visage est sculpté dans un matériau sensible, une chair vivante où affleurent de légères rougeurs. Son nez est busqué, élégant, ses yeux baissés, protégés par des sourcils arqués et fournis, sont mobiles, fiévreux. Il a des cernes qui trahissent les nuits à lire et à écrire, le peu d'heures de sommeil, une récente maladie, peut-être. Une bouche mince et expressive que crispe l'effort. Un haut front, des cheveux bruns et bouclés tombant sur les épaules, parsemés de quelques mèches déjà grises.

Derrière lui une bibliothèque d'au moins cinq cents livres, en italien, en anglais, en latin, en français, en espagnol. Dante, l'Arioste, le Tasse, Giordano Bruno, Montaigne, Pétrarque, Ovide. La pièce est silencieuse.

Soudain un cri retentit dans la rue. L'homme dresse la tête, contrarié, mais brusquement aussi curieux. Il se lève et, contournant sa table, se précipite à la fenêtre à meneaux, l'ouvre, se penche, et reste ainsi quelques secondes tandis que le cri retentit à nouveau – ou est-ce un autre ? – puis s'éloigne, se dissout dans le brouhaha de la cité. Une dispute ? Un marchand ambulant ? Un malade de la peste, peut-être, que la découverte de son mal épouvante et qui sait que les *Searchers*, sortes de « surveillantes », viendront bientôt tracer une grande croix rouge sur sa porte.

L'homme soupire en pensant aux spectacles atroces qu'on peut apercevoir désormais dans la ville, près de chez lui, ou à l'intérieur des murs de la City. Tous ces drames de la vie. Et les spectacles plus doux, mais parfois cruels, qui s'exhibent dans les « masques » à la cour. Chaque soupir, croit-on, raccourcit la vie d'un homme. Il hausse les épaules et revient à sa table encombrée, à son labeur, un vague sourire aux lèvres, comme né d'une sorte d'étrange satisfaction d'avoir été le témoin d'un instant rare, d'un éclat d'obscurité. Ou la promesse d'une vision qu'il pourra recycler, tordre et réinventer d'ici peu. Ou peut-être d'une coïncidence qu'il a entr'aperçue à l'intérieur de lui-même.

Avisant un ruban bleu pâle abandonné sur un coin de sa table, il l'attrape et le respire. Puis il l'enroule distraitement autour de sa main gauche, de son poignet. Il le noue. Giulietta l'aura oublié, il faudra que je le lui rapporte, se dit-il tout en pensant déjà à son texte. Il saisit une petite pomme tavelée posée dans un plat en étain et mord dedans. Son acidité lui arrache une grimace tandis qu'il mastique sa bouchée, concentré. Reprenant sa plume d'oie coupée à mi-hauteur, il la trempe à nouveau dans l'encrier et suspend un instant son geste au-dessus du papier.

J'entends son livre intérieur se rouvrir avec un froissement.

On ne perçoit alors plus que le crissement des mots qui se forment sur la page comme un troupeau d'ombres, de silhouettes aux mille nuances, grises, moutonnantes, ou claires et coupantes, richement vêtues ou sanguinolentes, baroques et chantantes, ou stridentes comme une lame sur une pierre à affûter, toxiques comme la belladone, ou drôles, semées de jeux et d'allusions pour les initiés, soumises ou rebelles, tracées sous la main du spectre dans un jet continu, ininterrompu, habité. Une graphie vigoureuse, rageuse. Un jaillissement surnaturel de l'esprit.

L'homme n'entend plus les cris des marchands ambulants, de celle qui chante : *Oranges et citrons !*, ou de celui qui aboie : *Fagots de petit bois !*, ou le râle de ceux qui expirent dans le fossé à côté des chiens, le tumulte infernal des roues cerclées qui cahotent et rebondissent sur le gravier jeté sur les flaques de boue, le pas sonnant des chevaux, ou les vociférations d'une bagarre de porteurs dans une taverne basse. Le jour décline, le crépuscule jette son aile sur la ville, ce sera bientôt l'heure des processions mortuaires, précédées d'un porteur de lanterne dont le rai lumineux caresse affreusement les murs et les seuils des maisons.

Soudain, en bas, le bruit de la porte d'entrée. Il entend la servante qui se précipite, son pas glissé, puis celui léger et tonique d'une autre femme. Des voix. Il se lève précipitamment et, ouvrant la porte de l'étude, se penche dans l'escalier.

— Là-haut, *my Sweet* ! crie-t-il.

— Je viens, lui répond une voix claire.

Après quelques minutes, une femme gracile paraît dans l'encadrement de la porte. Elle est légèrement essoufflée. Elle est vêtue d'un pourpoint de velours bleu nuit, d'une jupe grise tendue par un vertugadin français et d'un devant brodé. Ses manches également bleues sont parsemées de discrets crevés qui révèlent des plaies de soie lilas. Une collerette délicatement bleutée entoure son cou fin. Son décolleté est caché par un voile. Elle porte une petite coiffe de velours noir. Elle entre et lui sourit en secouant les pans de sa robe.

— J'ai failli être assassinée par l'averse ! maugrée-t-elle, en rajustant comme elle peut quelques mèches trempées échappées de sa torsade de cheveux. Les nuages roulaient noirs comme l'encre du côté de Cheapside !

— Et la peste ? Tu ne l'as pas croisée sous ses déguisements répugnants ?

— Non, rien aujourd'hui, grâce au Ciel. Un jour tout à fait ordinaire, fait pour vivre sans la crainte de Dieu. Tiens, je t'ai trouvé ceci à Saint Paul. Je l'ai eu pour un *penny*.

Elle lui tend un petit volume relié de cuir brun, doré aux fers. L'homme s'en saisit et l'examine. Il lui jette un regard amusé.

— *Le Viol de Lucrèce*... La première édition de 1594... de William Shakespeare... je ne sais si cela me fait plaisir, *forsooth*, pour te dire la vérité...

Elle lui sourit gravement.

— Je sais, *my love*, mais la vérité est là, qui existe, en dépit de tout. Ici, dans cette pièce, dans cette maison, dans notre esprit, la vérité a ses quartiers. Nous le savons, toi et moi. C'est un petit *reminder*, un rappel !

Elle va chercher le tabouret qu'elle approche de la table surchargée, et s'assied au côté de l'homme. Puis, lui attrapant le bras, elle se serre un instant contre lui. Il dépose un baiser sur ses cheveux.

— Alors, où en étions-nous ? demande-t-elle.

L'homme et la femme sont déjà ailleurs, leur esprit enlevé par les Muses. La pomme mordue, déjà oubliée dans son plat d'étain, commence son lent pourrissement. Bientôt, dans une extase de moisissures bleues et vertes et de noir de suie, elle rejoindra l'éternité.

PREMIÈRE PARTIE

"There are more things in Heaven and Earth, Horatio, than are dreamt of in your philosophy."

« Il y a plus de choses au Ciel et sur la Terre, Horatio, qu'on n'en rêve dans votre philosophie. »

Hamlet, acte I, scène 5.

2.

Récit de Benjamin

J'ai tapé le code, poussé la lourde porte, et me suis précipité avec mes paquets et mon porte-documents bourré de livres dans le hall de l'immeuble, accompagné d'une bourrasque glacée. J'étais trempé jusqu'aux os. Jurant entre mes dents, j'ai tenté de chasser l'eau de mes vêtements par une série de mouvements désordonnés et inutiles. Puis j'ai glissé ma main mouillée, manquant de la coincer, dans ma boîte aux lettres, éternellement vide. Ô l'imbécile. J'ai senti monter une bouffée d'indignation. Si l'on considère sa génération, me dis-je, en regardant la flaque s'élargir sous mes pieds, j'aurais cru Juliet davantage encline, paradoxalement, à m'écrire une lettre qu'à m'envoyer un texto. Quelque chose de raffiné, sur papier vergé, à la plume peut-être. Encore fallait-il qu'elle en éprouve l'ineffable envie. Une fois de plus, dépité, fatigué, j'ai pris l'ascenseur.

Qui peut dire ce qu'est l'amour ?

Je t'aime davantage que les mots ne peuvent contrôler la matière, l'amour est une fumée créée par les soupirs, si tu ne te rappelles pas la moindre folie dans laquelle l'amour t'a précipité, alors tu n'as jamais aimé, mes yeux sont enchantés par ta silhouette, te comparerai-je à un beau jour d'été ? je me récitais pêle-mêle des vers de Shakespeare évoquant l'amour, les estropiant. Il me fallait de toute urgence m'enlever son très joli corps de l'esprit, jambe, jambe, courbes, hanches, cou de cygne, ovale stupéfiant de son visage, mains, fesses sans pareil. Et sa voix, aussi. Sinon, je serai bientôt mort.

Alors qu'un peu plus tard, évitant de réfléchir, je me préparais un dîner en solitaire, Andrea m'a téléphoné. Curieusement, j'avais pensé à lui quelques jours plus tôt. J'étais heureux, bêtement ému, d'entendre mon vieux camarade. Brusquement nos rêves de jeunes hommes maladroits, affamés de livres et d'amour, de femmes, se rappelaient à moi. Ils refleurissaient, dans les tonalités un peu nasales de sa voix, dans le labyrinthe de mon cerveau limbique.

— *Ciao,* Benjamin ! *Come stai ?*

— Andrea ! Tout à coup tu abolis le temps ! Où es-tu ?

— À Paris, *naturalmente.*

— Tu enseignes toujours à la Sapienza ?

— *Sí, certo,* rien de nouveau sous le soleil. Et toi ?

— Idem. Je suis un pauvre astre qui tourne inlassablement sur son orbite.

— C'est ce que le monde attend de nous, non ? Invite-moi chez toi, j'ai quelque chose à te montrer.

— Tu veux m'envoûter ? Me guérir avec une lecture de Dante ? de Pétrarque ? Je veux bien ! Apporte aussi de l'opium, j'ai terriblement besoin de sombrer dans un sommeil sans retour ! Demain soir ?

— *Sì, perfetto.* Je suis bien content !

— Alors à demain, je dois avoir une bonne bouteille et quelque chose à grignoter. Tu me trouveras peut-être mort. Ou agonisant. Je t'envoie l'adresse.

Andrea est arrivé vers vingt heures avec, dans les bras, un gros panettone enrubanné et ce qui semblait être un livre emballé dans du papier kraft. À le voir dans l'encadrement de la porte, grand, solide, impeccablement habillé, j'ai eu un léger vertige. Il semblait bien plus en forme que moi. Il était, comme le spectre des Noëls passés de Dickens, un revenant. Après avoir émis un rire tonitruant qui nous a facilité la tâche, il m'est tombé dans les bras en criant, au risque d'écraser le gâteau.

— *Incredibile !* Tu es beau comme Orphée !

— Tu ne crois pas si bien dire… *Nonsense*, c'est toi qui es beau. Comme la Joconde ! C'est agaçant.

— Ha ! Tu sais ce qu'on dit, *bellezza e follia vanno spesso in compagnia !*

— La beauté et la folie, oui, j'avais oublié ta passion ridicule pour les proverbes ! Entre, sinon tu vas nous en trouver un autre !

— Tiens, me dit-il en me tendant la brioche magnifiquement enveloppée, je l'ai rapportée de chez Passerini à Milan.

— Tu y vis ?

— Non, *Ci fai o ci sei ?* Tu es fou ! J'y étais juste la semaine dernière pour voir un éditeur.

— Tu vas me raconter ça, sauf si c'est ennuyeux et, le cas échéant, on boira ! lui dis-je en prenant son manteau bien coupé et sa fine écharpe en cachemire.

Andrea a affalé sa grande carcasse sur le canapé. Il avait les tempes grisonnantes, un peu d'embonpoint. Mais son puissant visage était resté le même, avec son nez busqué et son regard charbonneux plein d'étranges étincelles. Un visage où se lisent des siècles de génie italien avec un petit quelque chose en plus, comme une gargouille mystérieuse sur un palazzo aux proportions parfaites. Raffinement, élégance et… alchimie. Il a poussé un seigneurial soupir de satisfaction.

— *Meraviglioso !* Je n'ose compter les années…

— Évitons, dis-je, prudent.

— Tu te souviens ? Toute cette frénésie littéraire à Turin ?

— Comment l'oublierais-je ? Tu étais l'ogre des contes !

— Un peu tyrannique, je dois le reconnaître. J'aimais qu'on m'obéisse au doigt et à l'œil.

— Si peu…

— Tu comprends, il y avait les auteurs invités qu'il fallait faire venir du monde entier, loger et trimbaler en car jusqu'aux différentes localités qui nous recevaient dans un château ou l'autre, les mécènes qui nous régalaient dans leurs fondations, les prix à remettre, les discours, la presse, enfin tu imagines l'organisation, *una follia.* Une tour de Babel à recréer chaque année. Fellini !

— Tu m'avais invité pour la traduction en italien de mon ridicule petit essai.

— Tu avais été *vincitore*, vainqueur du prix Crevacuore !

— C'était chaque fois magnifique, je dois l'avouer. Et furieusement gastronomique !

— C'était le bon temps.

— Et alors ? Tout cela a eu une fin ?

— Tu sais bien qu'en Italie tout est toujours compliqué. Enfin, oublions tout cela, *la luna non cura l'abbaiar dei cani...* Les chiens aboient et les hommes de lettres passent... ha ! ha !

J'ai ouvert une bouteille de rouge. Nous avons trinqué.

— À notre jeunesse finie et ratatinée.

— À la littérature, qui restera quand tout aura disparu.

— Tu y crois encore ?

— Non, plus du tout !

Andrea a éclaté d'un grand rire. Puis je lui ai proposé de faire les pâtes. Il me restait des figues tardives qui ont accompagné le panettone aux noisettes. J'ai servi un vin blanc. Le fruité du vin m'a rappelé celui du moscato d'Asti.

Après le dîner nous nous sommes rassis sur le canapé, nos verres à la main.

— Bon, j'espère que tu as quelque chose de prodigieux dans ta manche. Sinon je prends un somnifère et je me couche.

— Qu'est-ce qui t'arrive ?

— Plus tard.

Il a levé un sourcil, puis a pris son air d'alchimiste et sorti d'un papier kraft ce qui ressemblait à un vieux journal intime relié.

— J'ai trouvé ça tout à fait par hasard dans une brocante, à Lyon, il y a quelques mois. Je ne vois pas à qui d'autre je pourrais en parler.

— Je ne sais pas, à ton psy… ?

— Arrête, tu es bien professeur de littérature anglo-américaine, non ?

— Américaine, oui, depuis des années, les Transcendentalistes, essentiellement.

— Bon, tu as les connaissances et l'esprit qu'il faut. Il n'y a que toi !

— Si tu le dis.

Andrea a posé sur ses genoux le volume à couverture couleur châtaigne en cuir râpé. Il l'a ouvert avec précaution.

— *Va bene, ascoltami per bene !* Tiens-toi bien et écoute.

3.

Andrea s'est mis à lire, traduisant en simultané.

Torino, 15 marzo 1931.

Dopo tutte le mie ricerche, *après toutes ces lectures et ces recherches, j'y vois aujourd'hui tout à fait clair. À présent que la preuve est apportée que Giovanni Florio fréquentait Giordano Bruno à l'ambassade de France lorsque ce dernier y travaillait comme messager, traducteur et espion pour la cour de France, et qu'ils ont entretenu une grande et belle amitié pendant au moins deux ans entre 1583 et 1585, je sais quelle influence l'œuvre de Bruno a pu avoir sur celle de Florio. Et par conséquent sur celle de l'Autre…*

Peut-être même Bruno connaissait-il le grand secret…

Pendant son court séjour à Londres, Bruno a écrit six livres ! C'était un personnage extraordinaire, un humaniste de premier plan, un visionnaire total. Sa pensée est encore moderne, même s'il vaut mieux ne pas tenir un tel discours aujourd'hui. Le faire serait me mettre en danger. Au fond, on peut dire que rien n'a vraiment changé depuis la fin du XVIe siècle. Il nous faudrait un nouveau Giordano Bruno aujourd'hui ! Mais ils le brûleraient de nouveau, hélas ! au Campo de' Fiori...

J'imagine l'amitié entre les deux hommes : la rencontre de deux parmi les plus grands esprits que la Terre a pu porter. Penser que leurs âmes ont communiqué et échangé me provoque un frisson de l'ordre du tremblement de terre métaphysique !

La mort sur le bûcher en 1600 du « Nolano », comme Bruno, qui était né à Nola près de Naples, aimait s'appeler lui-même, a dû fracasser Florio. Je tiens pour évident et véridique que l'œuvre, ensuite, n'a plus été la même. Elle porte les stigmates du désespoir et du deuil. Un naufrage de la conscience, un abysse sans fond.

J'espère pouvoir bientôt apporter la preuve de ce que j'avance. Mon livre terminé, je tenterai de le faire publier en secret.

Je dois être prudent. Je me sais surveillé. La vieille Cesarina, cette maldetta strega, a pris le prétexte de me monter une bouteille de lait ce matin, enveloppée dans un journal. Or elle sait parfaitement que je n'en commande pas. C'était pour pouvoir jeter un œil soupçonneux par ma porte entrebâillée. Qu'est-ce qu'elle s'imagine, que je reçois chez moi des femmes ? Des communistes ? Que j'organise des sabbats de résistants et de prostituées ? Ensuite elle ira raconter je ne sais quoi et finira par me dénoncer. Dio mio, protège-moi ! Permets que j'aille au bout de ma quête !

Heureusement, dans ma grande solitude, la vie de Florio me tient lieu de compagnie. Je sais que je touche là à la vérité. Lorsque tout ce cauchemar sera fini, je révélerai ma découverte au grand jour et le monde en sera émerveillé. L'Italie aura donné Dante au monde, mais pas seulement ! Ils verront. C'est mon patriotisme à moi.

Non vedo l'ora di veder questo giorno, *il me tarde de voir ce jour arriver !*

Andrea s'est tu et a refermé doucement le vieux journal poudreux. Il m'a regardé, les sourcils levés, en attente de ma réaction. Je lui ai fait un signe d'impuissance et lui ai demandé de quoi il s'agissait exactement. C'était, me dit-il, un journal tenu en italien par un homme pendant les années du fascisme. Selon lui une découverte *fantastica*. Il comportait seulement une vingtaine de pages rédigées, comme si le rédacteur avait été interrompu. Il était tombé dessus à Lyon, où il se trouvait pour un colloque. S'étant échappé quelques heures dans le centre-ville, il l'avait trouvé chez un brocanteur, au marché des livres anciens sur la place Jean-Macé. Il se trouvait parmi d'anciennes partitions de musique, des carnets d'école des années cinquante et soixante, de vieilles revues, tout un bric-à-brac. Il était seul de son genre, exilé. Aucun autre document en italien qui lui ressemblait.

— Étrange. Le contexte historique dans lequel il a été rédigé, l'Italie des années trente, est très intéressant. Bon, mais la suite ?

— Attends. Chaque chose en son temps. Tu sais que je suis d'une ancienne famille marrane d'Espagne ? Elle est venue en Italie dans la région de Bologne en 1500 et quelques.

— Oui, je ne suis pas tout à fait sénile, je me souviens très bien que tu m'en avais parlé !

Andrea s'est levé du canapé, a fait quelques pas dans la pièce et de grands moulinets avec ses bras. Puis il a respiré un grand coup et a frappé sa poitrine comme un orang-outan.

— Ce sang ancien court dans mes veines !

J'ai ri. Heureux celui qui a pour ami un homme de convictions.

— Tu n'es pas le seul.

— Tu vas comprendre pourquoi cette histoire me touche particulièrement. Et pourquoi je ne pouvais que t'en parler. Tu te souviens de nos études d'anglais ? De tout ce questionnement autour de l'identité réelle de Shakespeare ? Il y avait ceux d'entre nous qui se ralliaient aux académiques, aux orthodoxes, ceux qui sont convaincus que l'homme de Stratford-upon-Avon est Shakespeare, et les autres, les tenants d'une théorie alternative, ceux qui pensent que celui qui a écrit les pièces serait un autre...

Puis il s'est mis à déclamer avec un bel accent italien :

— *If you prick us, do we not bleed ? Si vous nous piquez, ne saignons-nous pas ? Si vous nous chatouillez, ne rions-nous pas ? Si vous nous empoisonnez ne mourons-nous pas ? Et si vous nous faites du tort, ne nous vengeons-nous pas ?*

— Shylock. *Le Marchand de Venise.*

— Oui. (Il a continué, les yeux fiévreux.) *Je suis un Juif. Un Juif n'a-t-il pas d'yeux ? Un Juif n'a-t-il pas de mains, d'organes, de proportions, de sens, d'affection, de passions ?*

— Acte III, scène 1... C'est la pièce la plus mystérieuse de Shakespeare. Elle est bouleversante.

— Tu vois bien. Ce devait être toi.

4.

Récit de Benjamin

Juliet, ma *Juliette*, m'avait quitté au début de l'automne. Après s'être réinscrite en dernière année à l'université, elle s'était inexplicablement évaporée. Et j'étais à présent comme un vieil adolescent inconsolable. Pourquoi un adolescent ? Parce que l'animal assume son désespoir, il y est fidèle. Juliet était mon doux soleil nordique, mon Botticelli exilé, décalé, longue et mince, pure et parfois prude, pas toujours, Dieu soit loué, à l'âme secrète et mystérieuse. Au terme d'une année de frémissements, de découvertes amoureuses, de passion, de rires et de draps moites, elle quittait Paris et retournait à Copenhague, me laissant stupide, désintégré. Un homme sans plus de connaissance du monde qu'un garçon de seize ans !

Oh, songes d'une nuit d'été envolée, oh, peines d'amours perdues ! J'aurais pu écrire dix, cent nouvelles, un *Décameron* entier pour évoquer le beau commerce que nous entretenions, émouvant, passionnant, ardent.

Pour ajouter au chagrin, il y avait – funestes événements qui n'avaient a priori aucun rapport avec les souffrances de l'amour – l'atroce balbutiement de l'histoire. Depuis quelques mois, la guerre, les exactions étaient de retour dans nos âmes anesthésiées. Mes ancêtres, en Ukraine, sentant une brise familière, ces relents de violence, se retournaient dans leurs tombes. Si toutefois ils en avaient une. Les pogroms ne laissaient pas toujours le loisir aux bonnes gens d'ensevelir leurs morts.

J'entretenais un dialogue par écrit quasi quotidien avec mon amie Evdokia, enseignante de français dans un lycée de Kiev, un fil tendu à travers l'Europe fait de coupures d'électricité, de sirènes qui hurlent dans la nuit, de fracas de missiles tombant dans un quartier proche, heureusement Podil était jusqu'ici épargné, de courage et de photos de son jardin et de ses enfants, deux adolescentes en apnée dont l'avenir était à présent suspendu. Un jour, elle m'avait envoyé un cliché à vous donner la chair de poule. Alors qu'elle allait aux champignons près de sa modeste datcha, elle était tombée sur un amoncellement de sous-vêtements féminins abandonnés dans les bois. Ils avaient été piétinés, traînés dans la boue. À côté se trouvait une corde. Que s'était-il passé ? Quelle violence innommable ? C'était la guerre qui refaisait irruption dans nos consciences.

Entre deux rendez-vous, deux cours, deux travaux de recherche, je pianotais sur mon téléphone en quête de billets abordables pour Copenhague. Je me faisais l'effet d'un touriste candide. Devais-je seulement m'y rendre ? Je n'en avais pas la plus petite idée. Depuis au moins deux mois que j'étais sans nouvelles de Juliet je n'avais en ma possession aucune adresse où la localiser. Tout ce qu'elle m'avait confié, c'était que son immeuble donnait sur un petit parc, non loin du port. Je n'avais pas la moindre représentation mentale de la ville. Aussi, mes pensées vagabondaient, tissant fébrilement des images nées de mes souvenirs de *Roméo et Juliette* et de *La Petite Sirène* d'Andersen. Je pourrais me rendre au château d'Elsingør, le Elseneur d'*Hamlet* et de son spectre. Oui, je pourrais très bien commencer par là, grâce soit rendue à la littérature qui donne des contours à nos vies et qui bien souvent nous montre le chemin dans l'obscurité.

En attendant de prendre une décision, je me mis à parcourir Paris, la nuit, une vieille habitude qui me reprenait régulièrement en temps de doute. J'arpentais les rues, le nez au vent, les mains dans les poches, comme dans *La Bohème* de Rimbaud sur lequel j'étais tombé autrefois comme sujet au Bac. Heureux garçon que j'étais en ce temps-là, à qui un poème trop beau faisait perdre ses moyens ! Mais cette fois la ville, que l'harmonie fuyait désormais, me sauta au visage. Comme en effet miroir, elle me disait que la grâce m'avait moi aussi abandonné. Alors je regardais ma ville comme une sœur d'infortune. Souvent, en passant par une ruelle autrefois aimée, encore hantée par mes spectres d'enfant ou par mes désirs inavouables de jeune homme, je m'essuyai furtivement les yeux. Rue de Babylone et son cinéma-pagode abandonné, rue Saint-Lambert et les spectres de mes amours adolescentes, rue Descartes où le plus beau café de mes rencontres estudiantines n'existait plus. Rue Saint-Antoine, près du temple protestant, où je travaillais le dessin dans une académie désormais morte. Je ne savais plus d'où me venait cette mélancolie, de mes amours illisibles, envolées, ou de la ville transfigurée où mon histoire s'effaçait.

Malgré l'accablement, la visite d'Andrea avait réussi à me remettre en mouvement. Sa présence alchimique infusait en moi, déposant dans mes veines des ingrédients précieux, de l'or pur, du manganèse d'amitié, du sélénium littéraire ! Et son histoire de *diario* italien m'intriguait. Le journal d'un inconnu est toujours une porte entrouverte sur l'intérieur du monde, sur sa palpitation secrète. Un endroit où l'on n'est encore jamais allé.

Mais quel était le rapport avec Shakespeare ?

5.

Récit de Benjamin

Juliet aimait arpenter les rues de Paris, à sa manière. Un jour, elle nous avait obligés à parcourir à pied la rue de Richelieu dans un sens, puis dans l'autre, méthodiquement. Elle était infatigable, elle n'en revenait pas qu'il puisse s'y trouver autant de boutiques de numismatique. Tu te rends compte, disait-elle, c'est comme si dans la ville moderne les Anciens avaient encore pignon sur rue ! – elle parlait un excellent français –, on entre dans une de ces boutiques, on contemple ces pièces antiques, on les touche, on les retourne, et une trappe s'ouvre soudain derrière le comptoir du numismate, une porte secrète, et nous voilà catapultés à Delphes, à Athènes, ou sur le forum romain, et voilà, je paie de quelques pièces, un denier, un sesterce, ou d'un statère d'or pour un peu de pain et des olives, ou pour un morceau de papyrus… Ce sont des officines à voyager dans le temps. Vous n'avez aucune idée, à quel point ici, à

Paris, vous vivez un pied dans les étoiles ! Vous êtes dans le gâteau du temps ! – j'adorais ses expressions. Je lui avais dit que Flaubert appelait cela « le frisson historique ». Nous avions acheté, afin de célébrer notre amour, deux pièces romaines, l'une frappée à l'effigie d'un empereur et l'autre d'une impératrice.

Une autre fois, alors que je l'accompagnais à un rendez-vous administratif, elle nous avait obligés à descendre du bus rue de la Convention. Elle était émerveillée par la succession triviale et hasardeuse de magasins en tous genres. Il lui fallait les voir de près, reconnaître leur existence en les frôlant, en contemplant leurs étals, en collant son front à la vitrine, se penchant sur leur seuil pour apercevoir un peu de leurs richesses intérieures, faisant un sourire désarmant aux commerçants curieux ou agacés qui s'avançaient vers elle, déjà prêts à en découdre. Je devais lui avouer que je n'avais jamais prêté la moindre attention à ces boutiques ordinaires, laides ou pimpantes, devant lesquelles je passais chaque fois que je me rendais, autrefois, chez mes parents. Mais tu ne comprends pas, Benjamin, s'écriait-elle, la chance que vous avez ! Et elle me montrait du doigt l'enfilade de ces comptoirs placides et sans surprise, un cours des halles, un boulanger-pâtissier, une entreprise de pompes funèbres, un magasin de décoration, des articles irlandais, une petite brocante d'objets féminins et délicats, une épicerie tunisienne, un fleuriste nouvelle vague, une boutique de vêtements vintage, un nouveau marchand de fruits et légumes, une célèbre librairie, une association d'on ne savait trop quoi, un dojo de karaté, un fromager, un fleuriste traditionnel plutôt moche, un traiteur libanais, un traiteur asiatique, un poissonnier, un cordonnier, un caviste, un deuxième magasin de décoration, et tous ces cafés, modestes ou revisités à la mode 1900, avec leurs larges terrasses et leurs inscriptions alléchantes, limonade, apéritifs, sandwiches au pain de campagne, croque-monsieur à toute heure. Tu ne vois pas, Benjamin, c'est comme un poème sans fin ! Un inventaire de tout ce qu'il nous faut pour ne pas mourir, une ode à nos désirs, à nos existences !

Juliet aimait se précipiter régulièrement aux jardins du Luxembourg pour rendre un hommage ému aux reines et dames de France, chacune dans les atours de son temps, postées sous les frondaisons des marronniers, qui entouraient les parterres et le bassin. Elle aimait relire leurs noms et s'adresser à elles, généralement en danois. Marguerite de Provence, Anne de Bretagne, Blanche de Castille, Valentine de Milan, Laure de Nevers, Jeanne d'Albret, Marie Stuart, sainte Bathilde, Berthe. Avec le temps, ces belles dames étaient devenues ses amies. Ces femmes sont un trésor, une farandole d'esprits et de courage ! me disait-elle, une fois son rituel achevé. Devant mon air surpris, elle me tançait : Ah, tu ne comprends rien, Benjamin !

Un autre de ses pèlerinages était pour le grand hêtre du parc Montsouris. Elle le saluait respectueusement puis, l'entourant de ses bras, elle posait sa tête sur son écorce rugueuse, fermait les yeux, et restait immobile quelques longues minutes. Une fois détachée de l'arbre, elle me disait, c'est comme un réacteur nucléaire, tu sens l'énergie ! C'est de la sève explosive, de la poésie liquide ! Pas comme celle des livres ! Elle te nourrit les os en direct ! Puis s'éloignant, elle le saluait de la main, simplement, comme on prend congé d'un vieux camarade. Souvent, croisant un oiseau, un merle par exemple, elle lui disait : Je t'ai vu, toi ! Tu es moche, mais tu es un chanteur virtuose. Tu es trop mélancolique, parfois, quand vient le soir, quand tu te perches en haut de l'arbre et que tu chantes au jour qui finit et à la nuit qui vient. Cesse ta mélancolie, c'est trop dur.

Un matin, j'ai découvert que ma Juliet avait laissé des petits mots écrits dans ma bibliothèque. Le premier que j'ai trouvé, sous un volume en anglais consacré aux poètes métaphysiques élisabéthains, disait ceci : « *Tous ces poètes anciens extraordinaires, si brillants, si raffinés, ils sont exactement comme nous, si malheureux ! Le temps ne les a pas affaiblis, au contraire ! Et ils me parlent, à moi seule. Et moi je suis là, comme un petit poisson danois dans la mer.* »

— La paternité de l'œuvre de Shakespeare..., a fait Andrea.

Il était huit heures du soir, et mon camarade était revenu chez moi pour poursuivre notre lecture. J'ai haussé les épaules :

— Pas un mot là-dessus à l'université, évidemment. Ils ont trop peur ! Mais de grands esprits se sont depuis longtemps posé la question. Tout a été dit, imaginé. C'est comme si on ne pouvait rien prouver, ni dans un sens ni dans l'autre.

— Mais c'est toi l'anglophone. L'homme de Stratford, nommé William Shakespeare, a-t-il, ou n'a-t-il pas écrit l'Œuvre ?

— Écoute, demande-moi si la Joconde était un homme, je serai davantage en mesure de te répondre.

Andrea a interrompu un instant son geste de nous resservir du vin. Il était comme pénétré par l'ampleur du vide derrière la question. Profitant de cette pause, je me suis levé pour aller chercher des bouchées apéritives. Andrea m'a suivi dans la cuisine.

— Et Giordano Bruno ? m'a-t-il demandé à brûle-pourpoint.

— Quoi, Giordano Bruno ?

— Tu sais qu'il a créé autour de lui, dans la deuxième moitié du XVIe siècle, tout un courant de pensée novateur contre les certitudes de l'Église. Un vortex de réflexion, de liberté.

— Oui, oui.

Je devais reconnaître que j'ignorais à peu près tout des détails de sa philosophie et de son expérience.

— Ça ne s'est pas très bien terminé, ai-je cru bon d'ajouter, songeant au bûcher sur lequel il avait été sacrifié en holocauste, brûlé pour hérésie, campo de' Fiori à Rome.

Rire amer d'Andrea. Il fronça les sourcils.

— Non, en effet. Un esprit trop puissant…

Nous nous rassîmes sur le canapé. Je me mis à marmonner.

— Eh bien, je ne peux pas en dire autant en ce qui me concerne.

— Quel est ton problème ?

— Ma « fiancée » m'a abandonné. Je suis en miettes.

En disant cela, je prenais conscience de l'absolu grotesque de la comparaison.

— Ah ? Je ne savais pas, fit-il, s'intéressant peut-être sincèrement à ma douleur.

— Comment aurais-tu pu ? Mais ça n'a pas d'importance.

— *Ma sì, certo, l'amore è fondamentale...*

— Oui, sauf peut-être pour les grands esprits. Peut-être Giordano Bruno, lui, fut-il capable de s'en passer...

— Le pauvre. Mais parlons de toi !

Je lui fis, maladroitement, le récit de mon histoire malheureuse avec Juliet, commencée sous de beaux auspices universitaires et terminée récemment dans l'incompréhension. J'évoquai sa beauté renversante, son intelligence fraîche et raffinée. Nos étreintes qui me manquaient atrocement. Son départ qui me faisait me sentir médiocre. Il me semblait bien qu'il devait y avoir autre chose ici-bas, dis-je, que ces pitoyables chassés-croisés amoureux. Il hocha la tête et m'offrit quelques analyses : elle était trop jeune et immature pour moi – ce qui était une façon déguisée de me dire que j'étais trop vieux pour elle –, une histoire entre un professeur et une élève ne marche jamais, et puis c'est une Danoise, une fille d'une autre culture, j'en rencontrerai une autre, et j'en passe. Je me demandai finalement si, sous couvert de me consoler, il ne me méprisait pas un peu.

La soirée avancée, le dîner dégusté, j'attendis qu'il reprenne la lecture et la traduction du journal de Scopritori. Il termina son verre, se pencha et attrapa le livre relié dans son cartable en cuir. Il se cala dans les coussins et reprit sa lecture.

Vers une heure, en partant, alors qu'il avait déjà un pied sur le paillasson, il se tourna vers moi :

— Quelle est ta pièce préférée ?

Pris de court, je lançai, sans trop réfléchir :

— À part *Le Marchand de Venise* ? *Hamlet*. Pas très original, je suppose. « *Il y a plus de choses sur la Terre et au ciel, Horatio, qu'on n'en rêve dans ta philosophie !* », acte I, scène 4. Quoique, en ce moment, ce serait plutôt *Roméo et Juliette*, les jours où je suis d'humeur à me faire du mal…

— Moi, c'est *La Tempête*. Toute cette histoire d'exil et de perte me donne des frissons. Tu es d'accord, alors, pour faire le voyage à Turin avec moi ?

— Laisse-moi réfléchir un jour ou deux, dis-je, prudent.

— C'est tout réfléchi, camarade. J'ai besoin de toi. Et ça te changera de tes idées danoises et…

— Morbides ?

— Non ! Morbides ça veut dire molles.

— Chez nous morbide, c'est morbide. Mortifères, si tu veux.

— Alors oui, vikings et morbides !

— Je t'appelle demain.

Nous nous embrassâmes et nous quittâmes sur ces étranges paroles.

6.

Torino, 29 marzo 1931.

C'est à cause de sa fichue Vittoria mutilata, *la victoire mutilée. Sa superbe et dangereuse invention. Tout vient de là. Mais au fond, D'Annunzio, même s'il a été fou, a peut-être eu raison à Fiume. Imaginer une république libertaire et avant-gardiste. Lui est un poète au moins, en plus d'être un héros de la guerre, c'est pourquoi je ne peux pas totalement lui en vouloir. Un utopiste ! Et il n'a pas versé une goutte de sang ! Ce n'est pas comme l'Autre…*

Je n'ai pas été un ardito, *je suis un couard. J'aspire à la paix. Depuis leur marche sur Rome et la création de leur Milice, j'ai la nausée. Et l'assassinat de ce pauvre Matteotti ! Nous sommes bel et bien dans l'œil du cyclone.*

Depuis des mois, Antonella, ma pauvre épouse, voit mon inquiétude monter, mon incapacité à vivre dans le monde réel de la laideur et de la violence la plus brutale.

Elle constate aussi mon obsession pour Florio. Elle ne veut plus vivre à mes côtés, elle a préféré retourner chez sa mère, à Montefollonico, dans la grande maison vide. Elle doit rêver à sa fenêtre, regarder San Biagio, sur la colline de Montepulciano, et prier pour que son mari soit délivré de sa médiocrité. La pauvre, comme je l'ai déçue. Mais mon travail chez Generali et mes recherches me suffisent. Je ne veux rien savoir d'autre. Même de l'amour, même de ma femme. C'est moi qui suis mutilato *! Un mutilé de l'intérieur.*

La Cesarina est encore venue ce matin, elle voulait savoir si j'avais besoin de quoi que ce soit. Elle me sait seul. Elle doit trouver ça louche. Elle voulait soi-disant me prêter Il Popolo *et m'aider avec la cuisine ou les courses. J'ai refusé de lui ouvrir, j'ai crié à travers la porte que je travaillais pour la gloire du pays et qu'on me laisse tranquille ! Je ne sais pas ce qu'elle va s'imaginer. Avec les vapeurs méphitiques de leurs lois « fascistissimes », tout est possible dorénavant. Je deviens lentement paranoïaque.*

Mais revenons à Florio. C'est un personnage fascinant. On peut se figurer, vu l'ampleur de l'œuvre, celle, officielle, et l'autre, secrète, qu'il a été aidé. Peut-être étaient-ils deux ? J'ai trouvé une petite biographie de lui, écrite par une Anglaise et non encore traduite. C'est un homme de plusieurs mondes, un homme-monde. Le fait que son père, Michelangelo, originaire de Florence, soit le fils de Juifs convertis ; qu'il ait été un frère franciscain, puis qu'il se soit converti à la foi réformée ; qu'après deux années de prison à Rome, pourchassés comme Juifs et comme protestants par l'Inquisition, Michelangelo et sa femme se soient réfugiés dans la Valtellina, dans les Alpes bergamasques, non loin du lac de Côme, pour ensuite quitter l'Italie et s'exiler à Londres, tout concourt à l'extraordinaire ! C'est là que Florio est né, en 1553. Né italien, à la fois juif, catholique romain et calviniste, rompu aux Écritures saintes, à l'Ancien et au Nouveau Testament, nourri de la langue italienne, des auteurs italiens, de l'anglais, du français, puis de l'espagnol, sans oublier le latin. Il est l'incarnation de l'esprit de la Renaissance en même temps qu'un visionnaire et un prodige. Qui acceptera la vérité dérangeante que je m'apprête à révéler ?

Contre l'esprit de NOTRE temps, le plus funeste, il faut une révélation humaniste. Il faut que le monde profane sache enfin. Car ils sont nombreux, parmi les grands esprits, les écrivains de génie, à avoir compris autrefois déjà que le grand homme n'est pas celui qu'on veut nous faire croire. Que le grand homme fut en réalité Giovanni Florio. Un Italien. Un Juif de racines et de sensibilité. Un homme du Livre. Un génie universel et intemporel. Un esprit qui transcende nos misérables vies d'insectes.

Penser à dire à Cesarina que j'accepte qu'elle s'occupe de mon linge contre une petite rémunération. Mais pas question qu'elle entre ici ! Je le lui apporterai moi-même. Il faut que je fasse quelques concessions si je veux avoir la paix.

Penser aussi à acheter du café, celui de la via Mercantini. J'irai en sortant du travail demain.

7.

Récit de Benjamin

Helsingør sur la côte est du Danemark. Elsinore en anglais, dans *Hamlet*, Elseneur en français. C'est sur les remparts de son château qui contemple la rive suédoise, de l'autre côté de l'Øresund, que le jeune Hamlet est visité une nuit par le spectre du vieux Hamlet son père. C'est là que ce dernier lui révèle le crime odieux dont il a été l'objet et qu'il lui demande de le venger.

> *Que signifie ? Pourquoi toi, corps mort, viens-tu à nouveau tout en armure,*
> *Revoir ainsi les pâles éclats de lune et rendre hideuse la nuit ?*
> *Pourquoi ébranles-tu si horriblement notre imagination, à nous, créatures ignorantes,*
> *Par des pensées si inaccessibles à nos âmes ?*
> *Dis, pourquoi est-ce ainsi ? Dans quel but ? Que veux-tu de nous ?*
> *(Acte I, scène 4)*

Les pères, les fils. Je n'ai sans doute pas été un très bon fils pour mon père. Je n'ai pas voulu écouter sa vieille complainte paternelle, son antienne existentielle. Lui-même a dû être visité par le spectre de son propre père, non pas en armure, cette fois, mais en vêtement rayé, couvert de la suie et de l'abomination des camps. Lui a-t-il demandé de le venger ? Il ne m'en a jamais rien dit. Mon père a-t-il simulé la folie, comme le prince Hamlet, pour ne pas entendre son histoire épouvantable ? Ou a-t-il couru loin, comme moi, en se bouchant les oreilles ? Ce sont là les éternels mystères familiaux qu'ont en partage toutes les générations.

Le Danemark recèle, en ce qui me concerne, des charmes nouveaux. C'est là-bas, à Copenhague, dans ce pays illisible pour moi, que ma Juliette a disparu sans laisser de trace. Hier, j'étais décidé à m'y rendre. Mais c'est une idée absurde, je n'ai pas la moindre idée de l'endroit où la chercher.

J'ai fait l'acquisition d'un guide et je me perds dans les rues abstraites de la capitale : la vieille ville, le Strøget, le château de Christiansborg, le port de Nyhaven, les maisons multicolores, la sirène d'Andersen. Ces lieux inconnus sonnent comme les multiples noms d'une tombe dont la porte entrebâillée serait sur le point de se refermer sur la femme que j'aime. Des synonymes du néant.

En attendant, je l'imagine rédigeant sa thèse sur un petit bureau de bois blanc, dans un décor épuré, virginal, devant une fenêtre qui donne sur la mer. Elle lève un instant la tête, son beau visage à la mâchoire délicate à moitié caché par une mèche blonde. Son regard se perd sur les mâts et les voiles colorées, puis sur l'horizon au loin. Elle songe à Paris. Elle nous revoit ensemble, marchant dans la ville main dans la main, appuyés l'un contre l'autre. Ou bien dans mon appartement, aux petites heures du matin, enlacés dans les effluves du plaisir. Mais non, je me trompe, elle pense à tout à fait autre chose. Elle a oublié Paris et son amant d'une année. Elle a rompu le fil qui nous liait et s'éloigne de la côte de mon cœur comme un petit esquif élégant, rapide et égoïste, pressé d'arriver à un nouveau port. Et je suis celui qui le regarde partir, étonné de tant de beauté et d'adresse, inconsolable et meurtri. Un imbécile qui s'est cru distingué, aimé.

Andrea m'a appelé ce matin. Il n'aura pas le temps de revenir avant la semaine prochaine, il doit se rendre à un colloque à Milan. Il a proposé de me lire au téléphone, pour ne pas me faire languir, dit-il, la suite du journal de Scopritori. Je crois qu'il surestime mon intérêt pour ce fichu texte et son histoire assez mystérieuse. Mais il y tient, l'animal ! Peut-être veut-il me divertir de mon chagrin. C'est louable de sa part. Andrea a le don de créer la vie autour de lui, de soulever de terre les esprits rabougris, et d'impulser, au milieu de l'aridité, un vortex d'énergie. Qu'ai-je de mieux à faire que de le suivre dans son histoire embrouillée ? Peut-être en sortira-t-il quelque chose. Un Danemark de contes de fées ? Une pièce de Shakespeare inédite ? La preuve que Kafka fut la réincarnation de Dante ? *Who knows ?*

Andrea au téléphone depuis Milan :

— Aujourd'hui, avec la lumière rasante d'automne sur ses trottoirs mouillés, Milan ressemble à Venise.

— Venise ? Tu m'as l'air de bonne humeur !

— Pas le choix, *faccio buon viso a cattiva sorte*, je fais, comment dites-vous, bon visage à…

— Contre mauvaise fortune bon cœur ?

— *Sì, esattamente*. Ce colloque me fait la barbe ! Alors j'embellis la ville !

— Je vois.

— J'ai un peu de temps avant le dîner très pompeux qu'ils ont organisé. Je vais te lire un peu de notre Scopritori. *Pronto ?*

— Oui, oui, prêt, dis-je, me calant sur le canapé avec une tasse de thé.

— *Allora, senti,* écoute.

8.

Torino, 3 aprile 1931.

En sortant de la réunion, hier, Garaffo m'a abordé avec des airs de conspirateur. Il m'a chuchoté qu'il avait entendu que les fascistes allaient reprendre à leur compte les accidents du travail. Comme si cette information inepte pouvait m'intéresser ! Il avait les cheveux gras et les mains moites. J'ai pris l'air pénétré et je l'ai invité à en parler à Ghiotti. Surtout pas, m'a-t-il soufflé de sa bouche fétide, c'est une information explosive ! Il m'a proposé d'aller manger avec lui des tramezzini aux poivrons et aux anchois, ses préférés, chez Mulassano. Depuis que D'Annunzio a inventé le mot « tramezzino », tout le monde se les arrache !

J'ai décliné, on n'est jamais trop prudent avec cette engeance.

Lorsque je traverse la piazza Solferino, je prends toujours quelques minutes pour admirer la fontaine qui vient d'y être construite. Un projet de Giovanni Riva, notre artiste turinois. C'est un amateur du classicisme, pas un de ces futuristes effrayants ! Il aime Michel-Ange, les idéaux de la Renaissance. Cette fontaine est mystérieuse, comme tout dans cette ville. Torino respire le secret.

L'œuvre de Shakespeare est un palimpseste. On ne sait pas exactement qui l'a réécrite, des acteurs, des producteurs, des éditeurs... Tout y est vrai, mais tout pourrait aussi bien y être faux. On sait que le prétentieux « Upstart crow », *ce corbeau arriviste, s'est approprié l'œuvre, mais sans doute avec le consentement de l'auteur caché. Est-ce lui qui l'a apporté régulièrement aux éditeurs pour la faire publier ? On dit qu'il y avait toutes sortes de versions. Des versions « de souffleurs », prises en note clandestinement pendant les représentations, des copies faites par on ne sait qui, des versions transformées par le Corbeau lui-même, cet Escroc-en-chef.*

Au XVIe *siècle, aucune personne en vue, surtout pas un gentilhomme, encore moins un aristocrate, n'avait intérêt à passer pour un écrivain. Gagner sa vie avec ses écrits, quelle indignité ! Tout juste un courtisan pouvait-il être un poète en privé et lire ses vers à ses amis, pour le plaisir. Quand bien même il s'avérait être un poète de génie.*

Ce qui est proprement fascinant c'est cette histoire d'Italie ! Comment l'Italie est venue à l'Angleterre à cette époque. Cette passion anglaise pour l'Italie, pour Dante, Pétrarque, le Tasse, l'Arioste... Comment ce pays barbare s'est civilisé à notre contact, comment sa langue s'est enrichie de la nôtre. Et tout cela grâce à Florio. Je le prouverai !

Mon livre progresse. J'espère que j'aurai le temps de le finir. Ensuite se posera la question de la publication.

Comme Shakespeare, j'avance masqué. Comme lui, je suis double, comme lui je me suis inventé un nom.

9.

Récit de Benjamin

J'ai fait un rêve troublant la nuit dernière. Comme un pauvre type névrosé que je suis, je cherchais sans grande conviction, à la lumière de ma lanterne, un homme, un être accompli qui pourrait être mon modèle. Un écrivain ? Le mystérieux Scopritori ? Son fameux Florio, plus mystérieux encore ? Moi-même ? Si c'est cela, c'est d'une idiotie affligeante.

J'errais, une lampe à la main, dans le dédale d'un labyrinthe obscur et peu hospitalier. Des armures et des pourpoints anciens pendaient des voûtes, recouverts de poussière et de toiles d'araignées. Des statues antiques jalonnaient le parcours, dressées sur des socles, drapées de plis minéraux rongés par les siècles, telles des déesses exigeantes, le geste auguste, le regard sévère. L'une d'elles ressemblait à ma mère ! Tout sentait le rêve canonique, plein d'archétypes freudiens.

C'est finalement une femme que j'ai trouvée. Diogène, en aucune façon, n'aurait pu envisager cela. Cette génération de penseurs, pas plus que toutes les autres qui allaient suivre, n'aurait imaginé trouver en une femme cet homme idéal, vrai et sage. Et cette femme était Juliet, ma *Juliette*.

Sa belle statue se tenait un peu à l'écart, au débouché du labyrinthe, dans un jardin de topiaires baigné de lune. Les buis et les cyprès sculptés l'entouraient comme une cour silencieuse. Un léger vent faisait bruire leurs feuilles. Ma lanterne a jeté sur le groupe des lueurs dansantes. Juliet, comme une Diane chasseresse, tenait un arc et des flèches. Un de ses seins adorables était dénudé. Elle a soudain levé vers moi sa belle tête de marbre blême et a parlé. Sa voix a résonné démesurément dans l'espace, tandis que sa bouche s'ouvrait en un orifice sombre : Nous les femmes nous sommes parfaites, a-t-elle énoncé, nous sommes des êtres accomplis. Et pour cette raison, Benjamin, je t'ai quitté sans retour. Il vous faudra payer pour tout ce que vous avez fait !

Soudain, j'ai cru que tout l'amour de cette Terre avait disparu. J'ai lâché ma lanterne qui a roulé au sol et s'est éteinte. Je me suis réveillé en sueur.

Quel rapport avec ma véritable Juliet ? Aucun, il me semble. Ou alors, en tant qu'homme, en tant qu'amant, je ne suis pas encore prêt à entendre LE message. Il en va ainsi des rêves, ils nous secouent, nous brutalisent, nous parlent, mais nous n'y comprenons rien.

10.

Récit de Benjamin

Andrea est revenu de sa Venise milanaise en pleine forme. Il m'a rejoint chez moi avec son précieux journal. Je dois avouer que de le voir si plein d'entrain, d'ardeur même, pour ce projet, me rendrait presque un peu jaloux.

Il m'en a lu à nouveau des passages tandis que je nous préparais un poulet aux olives et au citron.

Diario di Scopritori.

18 dicembre 1932.

Il y a à présent trop de problèmes à l'université et j'ai dû interrompre la rédaction de mon livre. Les temps des persécutions se font écho, on dirait, à travers les époques. Troublantes résonances. Ainsi il en est aujourd'hui comme autrefois, en tous lieux où l'intolérance a prévalu. Depuis que la réforme de Gentile a divisé les universités, rien ne va plus. Les frais d'inscription ont augmenté, le choix des docenti est officieusement sous leur contrôle, l'épuration est encouragée par les GUF et la Milice. Même si nous sommes beaucoup à résister, l'atmosphère est délétère. Ils en veulent à ceux qu'ils appellent les « démo-libéraux et francs-maçons » ! On sent que la fascisation totale des universités est en marche. Je ne sais pas combien de temps je vais pouvoir continuer.

Fenoglio, le directeur du département de langues et littératures étrangères, est déterminé à leur résister. Nous devenons tous un peu paranoïaques ! Heureusement, la loi Gentile ne concerne pour l'instant que les écoles et les lycées, mais pour combien de temps ? Je continue d'assurer mes cours de première année, histoire des îles britanniques, histoire de la langue anglaise, histoire de la littérature anglaise, Beowulf, Les Contes de Canterbury *de Chaucer,* Sir Gawain and the Green Knight, Utopia *de Thomas Moore, etc. Et pour cette année* Roméo et Juliette *et* Hamlet. *Acquisition d'instruments critiques et catégories interprétatives et esthétiques, voilà ce que je suis censé leur apporter ! Et non les bases pour devenir un « homme nouveau », un soldat au service de la nation fasciste.*

Dire que Gentile – un grand philosophe ! – prétend que les femmes « n'auront jamais ni la vaillante générosité de la pensée, ni la farouche vigueur spirituelle qui sont les forces supérieures, intellectuelles et morales de l'humanité » ! Voilà que petit à petit on leur ferme les portes de l'université ! J'ai envie de vomir.

L'autre jour j'ai tenté d'apporter à mes étudiants une vision forte et évocatrice…

— Attends, attends, ai-je dit, interrompant Andrea et m'arrêtant brusquement dans ma tâche de découper le poulet cru. Est-ce que je suis fou ? Je croyais que notre homme travaillait aux assurances Generali. Qu'est-ce que c'est que cette histoire d'université ?

— *Sí, infatti, è vero,* en effet, tu as raison… *Strano*, bizarre…

Andrea s'est gratté la tête.

— Écoute, je ne sais pas, continuons, nous y verrons peut-être plus clair.

Il a repris :

… Une vision forte et évocatrice de ce qu'était la société élisabéthaine. Non seulement celle d'une société turbulente et vigoureuse où le théâtre n'a jamais été aussi riche et pénétrant, mais également celle d'un monde où la religion, depuis Henri VIII jusqu'à Élisabeth Ire, maintes fois confisquée, réformée, restaurée et réformée à nouveau, avait jeté la population dans l'angoisse. Angoisse de ne pouvoir pratiquer sa vraie foi, peur d'être pourchassé et démasqué pour peu qu'on tienne à une foi ancienne, quasi-impossibilité de se conformer parfaitement au nouveau dogme, le contraire du précédent, et peur perpétuelle d'être dénoncé et persécuté.

Un crucifix dissimulé sous un parquet, un rosaire interdit trouvé dans un corsage, l'image pieuse d'un saint glissée sous un matelas pouvait vous jeter en pâture aux tribunaux. L'intolérance dressait un gibet à chaque entrée de la ville !

Imaginez-vous, leur ai-je dit, que lorsqu'un voyageur entrait dans Londres par Southwark, au sud, dans les années 1590, au plus haut de la fièvre théâtrale, non loin du Globe Theater *et du* Rose Theater, *et qu'il s'apprêtait à traverser la Tamise par London Bridge, il était accueilli à sa grande porte de pierre par une trentaine de têtes sur des piques, en divers états de décomposition. Il s'agissait de celles des gentilshommes ou nobles exécutés pour pratique religieuse contraire à la foi anglicane, pour haute trahison, ou pour complot contre la reine. Illustration radicale et sans ambages de ce qu'encourait toute personne contrevenant aux lois en vigueur depuis l'avènement d'Élisabeth sur le trône d'Angleterre. Tout homme, toute femme se devait de vivre à l'intérieur de ces cadres stricts… Ensuite, ai-je ajouté, ce préalable éclairci, le voyageur pouvait vaquer sur le pont, entre les hautes et élégantes maisons et les boutiques de luxe : chapeaux, bonneterie, bijoux, livres, articles de bouche. Le plus beau pont du monde, disait-on.*

Un silence pesant s'est fait dans l'amphi. Ils m'ont fixé, bouche bée. On entendait voler les mouches.

J'espère que depuis leur inexpérience et leur immaturité ils ont été capables d'établir des parallèles entre hier et aujourd'hui.

Andrea s'est tu. J'avais mis le poulet à cuire dans la cocotte.

— Sacrés Anglais, ai-je fait, en rangeant mes ustensiles. Quelle vision !

— Je me demande qui est ce Scopritori, puisqu'il semble que ce soit un surnom…

— Et s'agit-il d'un professeur d'université ou d'un agent d'assurances ? D'un mythomane, peut-être ?

— Qu'il ait été l'un ou l'autre ou les trois, il a vécu des choses difficiles à appréhender aujourd'hui, *giusto ?* Combien la cuisson ?

— Une petite heure. On a le temps de poursuivre la lecture.

11.

Récit de Benjamin

Je n'avais toujours pas de nouvelles de Juliet.

Hier, j'ai fini, après des semaines, par retirer de la commode de ma chambre les quelques effets qu'elle y avait inexplicablement laissés. Pêle-mêle des sous-vêtements légers et de différentes couleurs, un joli pull en cachemire rose pâle, une nuisette en coton confortable, grège, décorée de fleurettes bleues, que j'aimais lui voir porter, une pince à cheveux en imitation corne ouvragée, un collant fin et troué roulé en boule, un exemplaire de *René Leys* de Victor Segalen, que je lui avais offert – ma dédicace se trouvait sur la première page – et un autre d'*Une chambre à soi* de Virginia Woolf, en anglais. Comme René Leys, il semblait qu'elle recherchait la fréquentation des mystères.

Je trouvai aussi un volume de contes gothiques de Karen Blixen, l'auteure de *La Ferme africaine*, en danois. Le feuilletant, je tombai sur une nouvelle où il était question d'Elseneur. Elle en avait souligné le titre d'un trait de crayon. Tiens, me dis-je, il faudrait que quelqu'un me la traduise.

Je récupérai les vêtements, évitai d'en respirer les effluves, et les fourrai dans un sac en plastique. J'avais la désagréable impression de me débarrasser des affaires d'une morte. Je glissai le sac au fond du meuble de la salle de bains, en pénitence. Les livres, je les accueillis, magnanime, dans ma bibliothèque.

Andrea était de retour le soir même.

Torino, 25 ottobre 1935.

— Déjà ? Tu n'as pas sauté une page ou deux ?

— Non, Scopritori a manifestement cessé d'écrire pendant plusieurs mois, puis repris l'écriture ici, en 1935. Ou bien alors cette partie du journal a été supprimée. *Aspetta*, tiens, regarde, plusieurs pages ont dû être arrachées.

Andrea me montra l'endroit où, entre deux feuillets, subsistait une petite crête irrégulière de papier. Je hochai la tête. Andrea poursuivit sa lecture.

Il ne reste rien ! Ils ont tout brûlé cette nuit jusqu'aux fondations. L'imprimerie de la via della Roera n'existe tout bonnement plus !

Ce matin Leonardi était accablé. Au bord du suicide. Il a tout perdu. Et pire encore, tous les exemplaires imprimés de mon livre ont disparu en fumée ! Le manuscrit avec.

Il ne me reste que l'exemplaire d'épreuves qu'il m'avait offert la semaine dernière ! Tout était prêt pour la diffusion. Che disgrazia !

Le sort s'acharne contre moi et mon œuvre de vérité. Je suis désespéré, fini.

Depuis que j'ai dû quitter l'université, je ne suis plus rien. Je n'ai plus rien. Je n'ai plus qu'à aller retrouver la famille de ma femme à Montefollonico et m'y laisser mourir. Je ne peux plus espérer...

À la suite du texte manuscrit qui s'interrompait brutalement, quelqu'un avait collé un article, grossièrement déchiré, paru dans *La Libertà* :

TORINO : INCENDIO NELLA TIPOGRAFIA LEONARDI

Les méthodes que l'on ne sait que trop bien, hélas ! ne connaissent plus de limites. Hier soir, à Turin, après vingt-deux heures, alors que la petite entreprise familiale de la via della Roera était exceptionnellement fermée et les rotatives à l'arrêt, des personnes malintentionnées ont mis le feu à l'atelier et aux machines de l'imprimerie Leonardi. Alerté par la fumée, Pietro Leonardi est accouru vers minuit. Hélas, il était trop tard pour sauver l'entreprise qui a brûlé jusqu'aux fondations et, avec elle, le matériel de production et les exemplaires d'ouvrages déjà imprimés. Une perte colossale pour cet imprimeur indépendant et méritant qui avait repris l'usine familiale créée par son grand-père, Luigi Leonardi, en 1876. Il était bien connu des milieux anarchistes et communistes pour imprimer sous le manteau des livres contestataires et de résistance à l'ignoble tyrannie. Voici une tragédie signifiante, un véritable autodafé, un de plus, qui vient s'ajouter au tableau de chasse de ceux qui voudraient empêcher notre juste combat pour la liberté.

— C'est un article paru dans un des nombreux journaux italiens en exil à l'époque, me dit Andrea.

— En italien ?

— *Sí, ce n'erano molti, molti*, il y en avait beaucoup, juste de l'autre côté des Alpes ! La France était dans l'ensemble très tolérante avec eux. Il n'y avait pas loin de deux cents titres, anarchistes ou communistes, mais aussi républicains et socialistes.

— Mais comment Scopritori a-t-il pu, depuis l'Italie, mettre la main sur l'article ?

— Ah, ça… *Non ne ho la minima idea !* Aucune idée.

— Le pauvre ! Alors son grand livre, l'œuvre de sa vie serait parti en fumée ? Que dit son journal ?

— Il y a encore une page écrite. *Ascolta,* écoute :

Torino, 27 ottobre 1935.

Deux jours que je réfléchis à ce que je vais faire. Finalement j'ai prévenu Generali ce matin que je démissionnais. Après être allé m'entretenir avec Ghiotti, je suis allé ranger mes affaires dans mon bureau. Garraffo a passé la tête. Quand je lui ai annoncé la nouvelle, il m'a regardé avec ses yeux de poisson. Mais, et ton avancement, cher collègue ? m'a-t-il demandé. Ah, ce bon Italo Svevo, qui a passé dix-huit années dans une banque, m'aurait sûrement soufflé une réponse adéquate si seulement j'avais eu l'esprit clair. Mais c'est loin d'être le cas. Je réfléchis encore pour l'université. Mener une double vie est une chose, mais la double vie d'un damné, d'un paria, c'en est une autre. Chez Generali, ils n'ont jamais su pour mes cours. À l'université, ils n'ont pas plus été au courant de ma carrière étriquée et respectable d'agent d'assurances. Si les temps n'étaient si tragiques, j'oserais dire que je me suis bien amusé. Pourquoi ai-je eu ces velléités de travestissement, de Doppelgänger *? Disons que j'ai peut-être essayé d'échapper à l'ordinaire, au trivial, à l'ennui. Mes lectures de Shakespeare y sont sans doute pour beaucoup. Quand on sait ce qui s'est véritablement passé autour de cette œuvre prodigieuse, quelles ont été réellement les forces à l'œuvre, on ne peut se satisfaire d'une vie médiocre. Le grand Will m'a inspiré ! Je me suis choisi une vie digne de ma vision. Ainsi soit-il.*

Je vais mettre un terme à la rédaction de ce journal et le cacher ici, sans doute derrière le papier peint de ma chambre. Pour ce qui est de l'unique exemplaire de mon travail, puisque même le manuscrit n'existe plus, j'ai décidé de le confier à ma sœur, Concetta. Je sais que je peux compter sur elle et sur son intelligence. Comme elle mène, avec son crétin de mari, une vie irréprochable et véritablement fasciste, ce sera une couverture parfaite. Lorsque les temps seront meilleurs, grâce à Dieu, elle me rendra mon travail et je me mettrai en recherche d'un nouvel imprimeur, et peut-être même d'un éditeur. En attendant je vais envisager l'exil, avant de finir dans une de leurs prisons.

Je ne dirai rien à Antonella, pour ne pas lui créer d'ennuis. Ni à la vieille Cesarina, qui croira que je ne suis parti que pour deux ou trois jours. Mon appartement restera fermé jusqu'à ce qu'elle et l'un de ces diables s'occupent un jour de défoncer ma porte pour constater que j'ai disparu. Ils pourront toujours me chercher, je me serai volatilisé.

Celle qui va réellement me manquer, c'est ma petite Monica. Elle est si vive, si curieuse. Elle ne s'en laisse pas conter et n'accepte que ce qu'elle comprend ! Heureusement, la bêtise de son père ne semble pas la contaminer. Un esprit fort et indépendant pour ses cinq ans, la nipotina, *la nièce adorée de son* zio *! Il me faut ici écrire son nom en toutes lettres, c'est plus fort que moi, elle est tout ce qui me reste.*

Signorina Monica, ti adoro !

Plût à Dieu ou aux mânes de la démocratie que nous nous revoyions un jour bientôt, Tesoro mio.

— *Fine del diario !* fin du journal, a annoncé Andrea.

Je n'ai pas pu m'empêcher de penser à Juliet, l'amoureuse des disparitions. L'histoire de Scopritori lui aurait plu. Elle lui aurait dressé un petit autel dans l'appartement et aurait conversé avec lui en chuchotant, en danois.

— Monica Ceccaldi, ai-je dit.

— Monica Ceccaldi, a-t-il répété. Je me demande si l'oncle tourmenté et la petite nièce adorée se sont revus…

Andrea était un peu remué aussi.

— Comment savoir ? Au fait, le poulet doit être prêt, viens.

12.

Récit de Benjamin

Rêverie.

Je me rappelle le jour où Juliet m'a expliqué qu'il était absurde de parler de l'amour ou d'en débattre. Nous étions à la Tate Gallery de Londres où nous venions de passer un après-midi devant les peintures des préraphaélites. Après l'*Ophelia* du *Hamlet* de Shakespeare, noyée par amour, peinte par John Everett Millais, la *Proserpine* et sa grenade de Dante Gabriel Rossetti, *L'Amour et la jeune fille*, de John Roddam Spencer, *La Conscience s'éveillant*, de William Holman Hunt, Juliet me traîna, de mauvaise humeur, vers la sortie. La notion même d'amour est toujours faussée dès lors qu'on l'évoque, m'a-t-elle affirmé. L'amour ne supporte pas l'explication. Il n'y a rien à expliquer, à analyser, l'amour est. En parler, c'est risquer qu'il échappe complètement à notre entendement, de passer à côté de sa vraie nature ! Les poèmes d'amour sont autorisés. Et les tableaux. Mais pas les analyses !

Nous sommes allés boire une bière dans un pub. Tu sais que la femme de Millais a posé dans une baignoire d'eau froide pour la réalisation d'*Ophelia* ? lui ai-je raconté. Elle a failli en crever ! Et Jane Morris, l'amante de Rossetti, qui a posé pour *Proserpine* et tant d'autres tableaux, tu savais que comme la déesse, elle passait l'hiver aux enfers, malheureuse, avec son mari le grand penseur et décorateur William Morris, et retrouvait son amant adoré, au paradis, les mois d'été ? Tu trouves qu'il n'y a rien à dire de l'amour ? On peut en dire tout ce qu'on veut, a maintenu Juliet, mais ce sera toujours une chanson de vent et de girouette. On peut juste en faire de jolies chansons. Et elle s'est mise à fredonner une ritournelle en danois.

J'aurais dû me méfier.

Pensons à LA pièce de Shakespeare qui évoque l'amour absolu. À Vérone, les deux amants *star-crossed,* maudits, de quelques heures à peine, étaient jeunes et purs, presque des enfants. Rien de commun avec Juliet et moi. Cette pièce de jeunesse de Shakespeare ne reflète en rien notre histoire, évidemment. Je serais *a fool,* un imbécile, d'y voir quoi que ce soit qui me ferait un signe. Et pourtant, quelque chose de rare, de parfait et de limpide et qui traverse les âges vient me toucher à la relecture de la pièce. D'ailleurs, est-ce que Roméo, ce jeune homme fougueux et tragique, tout d'abord amoureux de lui-même, puis transfiguré par l'amour vrai, n'est pas une esquisse, un crayonné du futur Hamlet, héros de la pièce plus tardive ? Hamlet qui meurt aussi, blessé mortellement par Laërte, après avoir connu le deuil, la trahison, la folie. Après avoir vécu, en somme ! Aimer ne touche-t-il pas forcément, au-delà de certaines limites, lorsqu'on atteint à l'amour cosmique, aux régions de la mort ? Je ne suis pas d'accord avec Juliet. Il y a beaucoup à dire de l'amour, mille conjectures à en faire, mille interprétations ! Il n'y a rien qui se prête mieux au discours que l'art d'aimer !

Roméo est une pièce de relative jeunesse du dramaturge, créée sans doute en 1596. Elle est inspirée d'un poème, *L'Histoire tragique de Romeus et Juliette*, écrit en 1562, par un malheureux poète, Arthur Brooke, noyé dans la Manche alors qu'il tentait de rallier la France pour y porter secours à des huguenots !

Is love a tender thing ? L'amour serait une chose tendre ?
demande Roméo à son ami Mercutio.
Il est trop rude, trop brutal, trop turbulent.
Et il nous griffe comme épine. (Acte I, scène 4)

Et puis aussi :

Oh, she doth teach the torches to burn bright ! Oh, comme elle montre bien aux flambeaux comment briller ! s'exclame Roméo en apercevant Juliette pour la première fois au bal donné par les Capulets.

On dirait sa beauté ferrée à la joue de la nuit
Comme un bijou précieux au lobe d'une Éthiopienne
Beauté trop rare pour en user, pour le monde trop chère !

Comme une colombe de neige au milieu de corneilles,
Telle est cette jeune femme surpassant ses dames.
(Acte I, scène 5)

Ma Juliette aussi savait faire en sorte que la lumière brille plus fort. Elle était elle aussi une beauté étincelante contre la joue de la nuit. Un rayon de lune du Septentrion. Hélas !

Lorsque Juliette et Roméo se découvrent et s'aiment au premier regard et qu'ils ne peuvent se résoudre à se séparer, elle lui murmure :

'Tis almost morning. I would have thee gone,
And yet no farther than a wanton's bird,
C'est bientôt l'aube. J'aimerais que tu fusses loin,
Mais pas plus que l'oiseau d'une enfant capricieuse
Qui le laisse sautiller hors de sa main,
Pauvre prisonnier empêtré dans ses liens
Qu'elle ramène vite à elle par son fil de soie,
Si amoureusement jalouse de son blanc-seing.
(Acte II, scène 2)

Tout n'est-il pas dit ? N'est-ce pas de la sorte qu'on a aimé de tout temps et qu'on aime encore aujourd'hui ? N'est-ce pas ainsi que, vieil amant généreux et craintif, ébloui et égoïste, j'ai aimé Juliet ?

J'aimerais être ton oiseau, dit Roméo,
Tout comme moi, mon doux amour, répond Juliette…

Là où Juliet a été belle et fascinante, libre, imperméable aux discours sur l'amour, j'ai été ridicule. Bien loin de la transfiguration absolue ou de l'amour platonique ! Une très jeune Juliette et un vieux Roméo, Andrea a raison. Il me faut couper le fil de soie, un lien démesurément distendu à travers l'Europe qui me relie encore à elle. Pour rien. Un inutile fil d'amour.

13.

Récit de Benjamin

— C'est une histoire *rocambolesca*, me dit Andrea au téléphone. Par curiosité, j'ai effectué des recherches auprès de l'état civil de la mairie de Turin, *l'Anagrafe centrale* de la via Consolata. Tous les certificats antérieurs au 1er janvier 1971 et postérieurs à 1866 sont délivrés par les archives de l'état civil. Pour les événements antérieurs à 1866, il faut faire une demande auprès des archives *arcivescovile*, comment dites-vous, épiscopales, du diocèse de Turin, mais ça ne devrait pas nous concerner.

Je l'interromps :

— Mais de quoi me parles-tu exactement ? J'ai l'impression que tu me racontes l'histoire de mon grand-père lorsqu'il s'est fait naturaliser. Une vieille histoire moisie !

— Mais de notre Monica, la *carissima nipotina*, la nièce de Scopritori !

— C'est une obsession !

— *Sì,* plus que jamais ! Le destin de ce livre mystérieux publié sous le fascisme et dont il ne resterait qu'un seul exemplaire, seul rescapé d'un incendie politique, ne t'intéresse pas ? Un livre qui apporterait, qui plus est, une révélation ?

— Ah, mon Dieu, avons-nous besoin de révélations supplémentaires ? Est-ce que le monde n'est pas déjà assez compliqué ?

— Ne fais pas ton Casanova dépressif ! *Ascolta !* Au début je ne pouvais rien trouver, car je ne suis pas de la famille et pas non plus une personne *delegata,* avec une procuration, mais comme je te l'ai dit, j'ai quelques relations au niveau de la commune et de la région.

— Merveilleux.

— J'ai donc fini par trouver. Monica Ceccaldi est née le 23 mars 1928 à Turin, de Concetta Battaglio (sœur de Scopritori, donc Scopritori s'appelait en réalité Battaglio) et de Roberto Ceccaldi. En 1951, à vingt-trois ans, elle a épousé un certain Ludovico Carlo di Cortando, un marquis local.

— Elle a fait un beau mariage ? Grand bien lui fasse.

— Il semblerait. Comme je connais les éditeurs du *Libro d'Oro della Nobiltà piemontese,* le livre d'or de la noblesse piémontaise, j'ai demandé à mon contact de le consulter : notre Monica Ceccaldi y apparaît bien. Elle a eu deux enfants, un garçon et une fille. Le garçon, Carlo Roberto, né en 1956, est décédé. La fille, née en 1958, vit encore. Elle s'appelle Alida Agnesotti de son nom d'épouse. Voilà !

— Voilà quoi ?

— Nous allons peut-être pouvoir retrouver cette Alida, à défaut de sa mère ! *Magari !*

— Mais qu'est-ce que tu espères au juste ?

— Retrouver la trace de ce livre unique écrit par Scopritori qu'il mentionne dans son journal. Je ne peux pas accepter l'idée que ce journal si étrange, si improbable, me soit comment dites-vous… échoyé dessus ?

— Échu ?

— Oui, échu. Comme par miracle, dans une brocante à Lyon, une ville où je ne mets jamais les pieds.

— C'est vrai que tout cela serait absurde, je te l'accorde.

— *Vedi ?* Je trouve aussi. Pourquoi moi ? Pourquoi nous ?

— Si tu te mets à poser des questions existentielles…

— Ce n'est pas seulement existentiel, c'est aussi littéraire, *cavolo !* Cet homme avait quelque chose à révéler au monde des lettres. Et il en a presque été empêché par les circonstances historiques… *diciamo,* disons contraires.

— Euphémisme.

— Oui, circonstances contraires, *terribili, ingiuste, sanguinose !*

— Et tu proposes ?

Je dois être honnête et confesser qu'à ce stade cette conversation déconcertante ne parvenait pas tout à fait à s'incarner dans le réel. Elle me semblait brumeuse, ses sons étaient comme ouatés. Ou était-ce moi, l'esprit trop mélancolique, qui peinais à appréhender ce monde avec intérêt ? Je me sentais éloigné de moi-même. Trop vieux peut-être, déjà.

— À propos de vieux, me dit Andrea (avais-je parlé tout haut sans m'en rendre compte ? La vieillerie précoce en moi s'exprimait-elle à mon insu ? Serai-je bientôt un vieillard, comme Lear ou Macbeth ?), si Monica, la petite chérie de Scopritori, est encore en vie, ce que semble prouver *l'Anagrafe centrale*, elle aurait aujourd'hui… quatre-vingt-quatorze ans.

— Félicitations.

— Il faut que tu viennes, Benjamin.

— Mais où es-tu, au fait ? J'aurais dû commencer par te le demander.

— À Turin, justement. Il faut que tu m'y rejoignes ! Nous pourrons peut-être rencontrer Monica. Ou sinon, sa fille Alida.

— Ai-je mieux à faire ? Non, ai-je soupiré.

— *Esattamente*. Il faut que nous sachions ce que le livre avait à nous dire.

14.

Récit de Benjamin

Andrea et moi étions attablés sous les arcades de la Piazza Castello, à la terrasse de chez Baratti & Milano. J'étais arrivé la veille. J'avais décidé d'oublier absolument Juliet, ses yeux, son corps, et ses géniales et cocasses observations et postulats, du moins le temps de cette escapade turinoise. Je redécouvrais cette curieuse ville qui ressemble à un théâtre silencieux, avec son fleuve opaque dont les algues ondulent comme des chevelures vertes, ses places carrées et vides, ses perspectives, ses arches, ses statues équestres de rois au centre de quadrilatères austères. Sans oublier son énigmatique *Sindone*, dans sa chapelle, au fond de la cathédrale, le Saint Suaire.

Cette histoire de visage justement, me trottait dans la tête. Je m'en ouvris à Andrea.

— Depuis que je sais que je vais venir dans la ville DU visage, j'en suis préoccupé. À ton avis, pourquoi ?

— Aucune idée. Parce que l'idée du vrai visage du Christ dépasse peut-être la notion même de religion ? tenta Andrea.

— Tu sais que je ne suis pas religieux.

— *Sì, lo so*. Enfin pas de cette religion-là en tous les cas.

— Non, pas religieux du tout. Cette notion même m'est étrangère. Ma religion est la littérature.

— Et pourtant tu es ému.

— Ému, tu crois ? Cet homme, ce Jésus est assez intrigant.

— Et pourtant la religion ne t'intéresse pas, sourit Andrea.

— Non.

— *Dunque ?* Alors ?

— C'est cette histoire de visage. Que dit Lévinas, déjà ? Que c'est le visage qui nous dit : Tu ne tueras point...

— Oui, il dit que dans le visage d'autrui il y a une... élévation. C'est au-delà du savoir, de la connaissance, quelque chose comme ça.

Nous sommes restés silencieux un moment. J'observai les Turinois vaquer à leurs affaires, chacun avec son visage parmi tous les visages. Je me pris à repenser à Scopritori, allant prendre, aux petites heures du matin, son poste aux assurances Generali, son porte-document sous le bras, comme un parfait employé à la Italo Svevo, ou à la Kafka. Ou son double, le *docente*, se rendant à l'université, les copies de ses élèves de première année vigoureusement corrigées à l'encre rouge dans son cartable. Nous étions aux heures sombres du fascisme, l'humaniste, le dissident se devait de se dissimuler intelligemment. Où se situait la vérité de cet homme ? Son vrai visage ?

Je finis mon *bicerin* chocolat-café. Andrea tapotait sur son portable, répondant au message d'un mystérieux interlocuteur. À l'envers je réussis à déchiffrer : *Sí, amore, ti amo anch'io, baci.* Il releva la tête. Je le regardai, l'air interrogateur. Il ne dit rien.

— Tu ne m'as pas parlé de tes amours, lui dis-je à tout hasard.

— Oh, moi…

— Tu aimes quelqu'un en ce moment ?

— *Nessuno*, personne.

Je raclai consciencieusement le chocolat dans mon verre avec ma cuillère, conscient que mon camarade n'avait aucune intention de s'épancher. Je n'insistai pas.

— À quelle heure est notre rendez-vous avec Monica ? demandai-je.

— À quinze heures. Sa petite-fille, Adriana, sera là. Monica est très fragile.

— C'est loin d'ici ?

— Derrière la gare de la porta Nuova, corso Umberto Primo. On devrait se mettre en route d'ici quelques minutes. C'est faisable à pied. On pourra passer par la piazza Solferino et admirer la fontaine dont parlait Scopritori dans son journal.

J'avalai les dernières bouchées de mon *tramezzino*.

Allongeant le pas quelques minutes plus tard derrière Andrea, vers la via Lagrange, je demandai :

— Tu ne crois pas qu'il est dangereux de poursuivre ce genre de chimère ? Tu crois vraiment que ces deux femmes vont nous donner ce fichu livre, comme ça ?

— *Dove non c'è pericolo, non c'è gloria...* Là où il n'y a pas de danger, il n'y a pas de gloire...

— Tu en as un pour chaque occasion, ma parole !

Via Principe Amedeo, via Micca. La piazza Solferino s'est ouverte devant nous. Un long rectangle bordé d'immeubles XIXe. Un point névralgique, me dit Andrea, pour relier la vieille ville royale à la nouvelle, bourgeoise et industrieuse. Nous sommes remontés jusqu'à la fontaine Angelica.

— La voici, la fontaine de notre Scopritori.

— Impressionnante. Toute cette débauche d'hercules musculeux, de nymphes bien en chair avec leurs putti.

— J'ai révisé avant de venir : ce sont Boaz et Joaquim, les porteurs des colonnes d'Hercule sur le seuil de l'Infini. Les deux femmes symbolisent le sacré, la vertu, le printemps d'un côté, et le profane, le vice et l'été de l'autre.

— Celle de droite me plaît bien, dis-je, avec ses cheveux nattés et sa guirlande de fleurs. Tu crois que c'est le vice ou la vertu ?

— Est-ce que c'est important ? On aime les deux ! On a dit que ces statues cachaient des messages alchimiques secrets. Tu sais naturellement que Turin est une ville à la réputation surnaturelle, ésotérique ?

— Je me souviens de l'histoire de l'église néoclassique qui se trouve au bord du Pô…

— *Sì, esattamente*, la Gran Madre di Dio. Elle serait construite sur un ancien temple consacré à Isis, déesse de la magie. Une des statues à l'extérieur de l'église, une femme qui tient la Bible contre son sein, lève le saint Graal. Son regard est censé indiquer le chemin pour le trouver ! Turin est réputée être une ville construite au carrefour d'énergies particulières. La ville romaine aurait été édifiée selon des règles supranaturelles, avec quatre portes aux quatre points cardinaux et son axe principal suivant la course du soleil. La Dora et le Pô, fleuve féminin et masculin, y apportent des énergies contraires. La ville a attiré de grands alchimistes. La famille royale elle-même aurait fait construire cinq bâtiments et palais qui formeraient les lignes d'un pentacle ! Beaucoup ont longtemps cherché sous le Palazzo reale les grottes alchimiques. Et il y a toujours eu ici des *logge massoniche*…

— Des loges maçonniques ?

— *Sì*. On dit qu'elles se dissimulaient dans les *infernotti*, des caves sous les trotoirs, et que les grilles que l'on voit au ras du sol sur certains immeubles servaient à les éclairer. Parfois il y a aussi des fentes découpées dans le sol, en forme d'yeux.

— On se croirait au théâtre !

— Il suffit de se promener le soir, dans certaines rues, sous certaines arcades, pour sentir, dit-on, des vibrations étranges.

— Ne me dis pas que tu y crois…

— Je suis turinois ! Sur la piazza Statuto se trouve un monument aux morts sous lequel se trouverait la porte de *l'Inferno* !

— Trop ésotérique pour moi…

— Il y a aussi le palazzo Trucchi di Levaldigi. Construit par un curieux ministre des Savoie, il n'avait pas d'entrée, jusqu'à ce que, en une nuit, une porte sombre ornée de symboles infernaux apparaisse d'un coup, comme par magie. Il a été le théâtre de crimes jamais expliqués. Le bâtiment aurait servi plus tard de manufacture de cartes de tarot. Or, le tram qui passe devant porte le numéro 15. C'est traditionnellement la carte du diable !

— *L'enfer est vide et tous les diables sont ici !* (*La Tempête*).

— À présent tourne-toi et regarde.

J'opérai un tour sur moi-même.

— Voici le bâtiment des assurances Generali où notre homme doué *dell'ubiquità* aurait travaillé.

— Scopritori.

— Lui-même.

Le bâtiment de couleur crème de style autrichien était assez remarquable. Il occupait un angle de la place, ses balcons, ses décorations chantournées lui conférant un aspect baroque. Tout en haut, sur la façade, une niche ronde ourlée et décorée de volutes encadrait le Lion de Venise. Tracées en dessous les mots *ASSICURAZIONI GENERALI VENEZIA*.

— Pourquoi le Lion de Saint-Marc ? demandai-je. Un lien avec Venise ?

— Je crois que Generali fut d'abord créée à Trieste. Trieste était bien sûr autrichienne. Puis en 1918, quand la ville a été rattachée à l'Italie, Generali est devenue italienne. Ils ont eu un siège important à Venise, d'où le lion, j'imagine.

— C'est bien dans leurs bureaux que travaillait Kafka, à Prague ?

— *Sì, sì assolutamente.*

— Alors, en sortant de son bureau le soir, Scopritori pouvait voir la fontaine tout juste achevée…

— *Sì*, on comprend pourquoi cette fontaine le touchait. Évidemment, s'il n'était que *docente*, professeur d'université, cela n'a plus beaucoup de sens.

Nous avons continué notre marche vers le haut de la place et avons débouché sur le corso Umberto Ier, avec ses immeubles bourgeois, sous sa double rangée d'arbres ombreuse.

— Monica habite au numéro 24. Mais je voudrais tout d'abord te montrer quelque chose. *Vieni !*

Nous avons remonté le corso jusqu'au numéro 75. Un grand immeuble gris et brique avec une belle porte en bois. Une fenêtre sur deux s'ornait d'un balcon de pierre. Sur une plaque en cuivre étaient inscrits une vingtaine de noms de résidents. Andrea m'a montré l'un d'eux. J'ai lu le nom « Levi ».

— C'est ici que Primo Levi a vécu. C'est là aussi qu'il se serait suicidé en avril 1987, en se jetant dans l'escalier. On ne saura jamais si c'est vrai.

J'ai hoché la tête et levé les yeux vers l'immeuble massif, pour tenter d'y glaner quelque chose, une infime trace volatile de l'écrivain rescapé des camps. Mais il n'y avait rien que nos yeux puissent distinguer.

— Ce n'est pas gai, dis-je. Merci quand même.

Nous sommes repartis en sens inverse. Devant le numéro 24, Andrea a sorti un papier plié de sa poche, puis tapé un code. Nous avons gravi l'imposant escalier jusqu'au deuxième étage, puis sonné à une porte sur un palier sombre. Après un temps un peu long et des bruits de frottement, une très vieille dame nous a ouvert, lentement.

— *Buongiorno, buongiorno,* je suis Monica ! Je vous préviens, je suis très vieille ! Une ancêtre, *un pezzo da museo !* une antiquité ! *Entrate a vostro rischio e pericolo !* Entrez à vos risques et périls !

Nous avions devant nous la nièce chérie de Scopritori.

15.

Récit de Benjamin

Monica était menue et fragile, vêtue de couleurs ternes comme un vieux papillon. Elle avançait, le dos courbé, à petits pas doux et glissés. Elle s'exprimait dans un français élégant et quasi parfait, comme celui de beaucoup de Piémontais de sa génération. Nous l'avons suivie dans un couloir sombre jusqu'à un vieux salon aux teintes fanées. Puis, comme des hôtes attendus par des diplomates, nous avons été cérémonieusement invités à prendre place sur un canapé vieux-vert. Autour de nous la lumière tamisée par de lourds rideaux couleur mousse était traversée de poussière dansante. Un vague brouhaha venu du corso filtrait par la fenêtre entrouverte. Dans une sorte de rêverie, j'ai soudain cru entendre des sabots de chevaux résonner sur le pavé, puis des moteurs de voitures anciennes rugir, comme ceux des OM ou des Balilla, accompagnés des cliquetis irritants d'un tram. C'était comme si mon cerveau, mis en condition par l'idée d'entendre le récit de la vie du mystérieux diariste, en recréait spontanément l'atmosphère sonore. Étonné, j'allais demander discrètement à Andrea s'il entendait la même chose, lorsque est apparue, venue d'une autre pièce, une jeune femme d'une trentaine d'années, blonde et diaphane. Elle s'est avancée vers nous, sans nous tendre la main.

— *Buongiorno*, a-t-elle chuchoté avec un mince sourire, je suis Adriana, *la nipotina*, la petite-fille de Monica.

Elle s'est ensuite assise sur le bord d'un grand fauteuil prune, les jambes croisées sous elle, ses beaux yeux grands ouverts, le regard un peu fixe.

— Adriana est la fille cadette de ma fille Alida. Elle passe souvent me voir et m'aide beaucoup. Elle me fait la lecture et vérifie chaque jour que je suis encore vivante ! *È un vero tesoro !*

— Je suis très touché, a dit Andrea, que vous ayez accepté de nous rencontrer pour nous parler de votre oncle, Scopritori. *È gentilissimo, da vero !*

— Ah, *sì*, vous voulez parler d'Ottavio. Mon oncle s'appelait Ottavio Battaglio. Scopritori était son nom de plume.

— Alors, justement, que savez-vous de lui ?

— Ah, ça remonte à très loin ! Dans mon souvenir de fillette, c'était un homme étrange. Très secret. Il semblait toujours un peu absent. Occupé à une autre tâche que celle qu'il faisait devant vous.

— Un rêveur, diriez-vous ?

— *Un tipo misterioso, un dissimulatore,* un cachottier, plutôt.

— Était-il sympathique ?

— *Sì, sì*, il m'aimait beaucoup. Il était capable de jouer avec moi et de rire pendant des heures. Il n'avait pas d'enfant, vous comprenez. Il n'était pas très proche, je crois, d'Antonella.

— Antonella ?

— *La moglie*, sa femme. Elle était d'une famille de notables de Pienza. Elle ne comprenait pas, je pense, sa nature ombrageuse de Piémontais, son goût du secret. C'était une Toscane ! Il s'ennuyait avec elle.

— Quand est né votre oncle Ottavio ?

— Oh, en 1887 ou 1888, je pense.

— Ce que j'aimerais comprendre, ai-je dit, c'est quelle était exactement sa profession...

— Oh, il était *libero docente* à l'université, je crois, chargé de cours. Il enseignait la littérature anglaise quelques heures par semaine.

— Pourtant, fit Andrea, dans son *diario* que j'ai retrouvé, à Lyon, il évoque un travail aux *Assicurazioni Generali*.

— Generali ? Piazza Solferino ?

— Oui.

— *Strano*... Bizarre.

Andrea a sorti le journal de Scopritori de son cartable de cuir et a recherché les pages concernant Generali, afin qu'elle voie par elle-même. Nous avons senti un frisson d'émotion parcourir la vieille dame à la vue de ce document inconnu d'elle, exhumé par un parfait étranger. Elle en a caressé un instant la couverture. Adriana s'est immédiatement approchée, a jeté un regard curieux à l'objet et s'est mise à lui lire les passages concernés. On aurait dit une gracieuse libellule parlante, penchée sur un livre.

— *Stranissimo,* très étrange…, a répété Monica.

— Vous croyez que cela a pu avoir un rapport avec le fascisme ? La nécessité de se cacher, de travailler à couvert ?

Monica a secoué la tête, déconcertée.

— C'est possible. Tout cela est si loin. *Sono passati secoli,* des siècles ont passé depuis ! Je suis moi-même un dinosaure, alors lui, vous pensez…

J'ai jeté un regard à Andrea. Nous n'allions peut-être pas beaucoup progresser dans notre improbable enquête.

— Mais quelle importance, n'est-ce pas ! s'est écriée soudain l'ancêtre. La vie nous apporte rarement des explications aux choses, elle nous laisse souvent dans la nuit ! Je ne suis pas si étonnée que cela qu'il ait pu avoir une double vie. Il aimait beaucoup les farces et attrapes ! Et il me racontait des histoires vraies, pour me dire après qu'il les avait inventées de toutes pièces ! Un farceur et un dissimulateur, je vous dis.

La jeune Adriana nous a regardés, et a eu un sourire indéfinissable. J'ai senti une légère brûlure électrique se diffuser le long de ma colonne vertébrale.

— *Ma allora,* a demandé Monica, que puis-je faire pour vous ?

— Eh bien, a dit Andrea, votre oncle évoque un livre qu'il aurait écrit et publié avant la guerre, en 1933.

Il raconte qu'un incendie, sans doute d'origine criminelle, aurait détruit l'imprimerie Leonardi ainsi que tous les exemplaires imprimés de son livre. Tous sauf un seul, celui que l'imprimeur lui avait offert quelques jours auparavant. Il y a une coupure de journal, regardez, là, qui relate les faits…

La gracieuse libellule a repris son rôle de lectrice et lu à sa grand-mère les quelques lignes concernées. Monica a hoché la tête et cherché à rassembler ses idées quelques secondes. Mais elle n'a pas semblé étonnée.

— *Sì, sì,* je crois que je sais de quel livre il s'agit. Quand mon *zio* est mort, c'est ma mère, Concetta, sa sœur, qui a hérité de ses affaires et de sa bibliothèque. Antonella n'en a pas voulu, je crois. Elle a juste pris l'argent. C'était vers 1954. J'avais vingt-cinq ou vingt-six ans.

— De quoi est-il mort ? a demandé Andrea.

— Oh, d'une vieille tuberculose mal soignée, je pense. Et de tristesse aussi. Il était bien seul depuis sa retraite de l'université. C'est une génération qui s'est mal remise du fascisme et de ses conséquences, vous savez.

— Et le livre ?

— Je crois que ma mère a trouvé ce livre écrit par lui dans sa bibliothèque, parmi les autres ouvrages. Mais ça remonte à tellement loin ! Il a été question de ce livre pendant un temps, il me semble, puis personne n'en a jamais reparlé. J'avoue qu'il est sans doute resté dans des cartons, avec les autres. Je n'ai jamais pensé à le lire ! *Che vergogna !*

— Vous avez une idée de son sujet ?

— Oh, sans doute une histoire de littérature anglaise, élisabéthaine... une chose shakespearienne pour initiés !

— J'imagine qu'il est perdu...

— *Perduto, perduto... Chi lo sa ?* Qui sait ? Il faudrait que je demande à ma fille, Alida. C'est elle qui a gardé tous ces livres...

La charmante ancêtre s'est tournée vers sa petite-fille et lui a demandé si elle savait où était sa mère. J'ai cru comprendre une histoire de bureau et de retour, ainsi qu'une précision d'horaire. La libellule a répondu qu'elle pouvait aller voir *di sopra,* là-haut. Puis elle s'est levée et sa jupe couleur de brume a frissonné autour d'elle. Elle a quitté l'appartement.

— Ma fille habite au dernier étage, Adriana est allée voir si elle est déjà rentrée.

Nous avons remercié et attendu. Les cliquetis du tram et les claquements des sabots avaient disparu. À la place une sourde rumeur citadine et le tic-tac sévère de l'horloge du salon. Puis Adriana est revenue, légèrement essoufflée. Sa mère n'était pas encore là. Elle a suggéré de l'appeler sur son *cellulare*, son téléphone portable.

— Bonne idée, a dit Monica. Fais le numéro, tu me la passeras.

Mais Alida n'a pas répondu et Monica a laissé un message dans lequel il était question du livre du *zio*, de l'oncle.

— *Mi dispiace*, je suis désolée, mais elle ne va sans doute pas tarder, elle devrait être *a casa sua* vers dix-sept heures.

Je lui parlerai de votre quête et de votre intérêt pour ce livre. Peut-être pourra-t-elle mettre la main dessus. Avant que vous ne partiez, je peux vous montrer une photographie de mon oncle, si vous voulez.

À sa demande, Adriana est allée quérir un vieil album usé dans sa chambre, « dans le tiroir du haut de ma commode, le bleu, celui qui est tout passé ». Monica a tourné délicatement les pages, fragiles comme des papyrus effrités. Les photos, glissées dans des coins, défilaient, identiques à toutes celles que l'on a prises, à l'époque, à l'aide d'antiques appareils, dans tout l'Occident. Des mariés, des communiants, des photos de groupe, de famille, des hommes posant fièrement devant une automobile, des photos prises chez le photographe avec leur décor de vieilles opérettes, des garçons en costume marin, des jeunes filles assises à une table devant un livre ouvert, prenant la pose, des bébés déguisés, appuyés sur un petit meuble, un seau et une pelle à la main. Parmi toutes ces saynètes d'un monde disparu, la vieille dame a trouvé ce qu'elle cherchait. Elle nous a fait signe de venir nous asseoir à ses côtés.

— *Guardate*, regardez, c'est lui, a-t-elle dit en pointant le doigt sur une image où l'on distinguait un homme de taille moyenne, mince et brun, qui tenait une fillette sur ses genoux. (Le décor derrière eux était celui d'un établissement de bains de mer typiquement italien.) C'était à Viareggio, je pense. Mes parents y louaient un petit appartement chaque année et il nous y retrouvait parfois. Je dois avoir six ou sept ans. Ils avaient réussi à me soustraire provisoirement aux *Figlie della Lupa*, les Filles de la Louve, et je n'étais pas encore inscrite aux *Piccole Italiane*, ça c'était à partir de huit ans… *Che disgrazia…*

— C'était donc en…

— En 1934-35, je pense.

Andrea et moi avons scruté le visage de l'homme. C'était une figure tourmentée, au fort relief, le nez busqué, la mâchoire marquée, les joues creusées. Il paraissait sourire vaguement, mais d'un sourire crispé. Il portait une chemisette à manches courtes sur un pantalon large, et il était tête nue. Se pouvait-il que ce soit le portrait d'un écrivain secret, d'un chercheur à la double vie, d'un paranoïaque ? Il tenait la petite Monica, tête de boucles brunes, habillée d'un costume de bain, sur ses genoux. Elle levait la tête vers lui, mais il semblait ailleurs. Rien dans le décor ne suggérait la société devenue fasciste depuis presque quinze ans. Andrea a demandé si nous pouvions faire un cliché de la photographie.

Puis après avoir chaleureusement remercié les deux femmes, nous avons pris congé. Sur le seuil, Monica, appuyée au bras de sa petite-fille, nous a regardés de ses petits yeux vifs, puis nous a demandé :

— Pourquoi vous intéressez-vous tant à mon oncle ?

— *Diciamo che*, parce qu'il me semble que ce journal m'a choisi, a répondu Andrea. Il doit bien y avoir une raison. Je voudrais pouvoir lire son livre. Vous rendez-vous compte ? Un seul et unique exemplaire rescapé d'un autodafé ? D'ailleurs, une fois mon enquête menée à bien, le journal vous reviendra. Je passerai vous le remettre en main propre, *ve lo prometto*.

Monica a cligné des yeux et souri. Pensait-elle que ce moment venu, elle ne serait peut-être plus de ce monde ?

— *Buona fortuna*, a-t-elle ajouté.

Nous avons redescendu les quatre étages dans la pénombre de l'escalier cossu et nous sommes retrouvés sur le corso. L'air était frais et humide.

— Il est presque l'heure d'un *aperitivo*, camarade, a dit Andrea.

— Je te suis. Cette histoire m'a donné faim !

— C'est cette charmante *signorina* ?

— Ne sois pas stupide.

— Tu es décidément…

— Quoi ?

— Tu me fais penser à Kafka, lorsqu'il est tombé amoureux de la fille du gardien de la maison de Goethe… à peine entr'aperçue !

— À Weimar ?

— Oui. Tu es un cœur, comment dites-vous… *di carciofo*, d'artichaut.

J'ai haussé les épaules et ri, légèrement agacé.

16.

Récit de Benjamin

Après l'apéritif, Andrea partit voir un ami. Je préférai rester à l'hôtel.

Sa réflexion amusée au sujet de la jeune femme-libellule avait creusé en moi un sillon de perplexité. Se pouvait-il que je sois ce type d'homme, qu'un joli visage, un corps gracieux bouleversent alors qu'il est déjà amoureux ?

Allongé sur mon lit, la fenêtre ouverte, je songeai de nouveau à ma Juliet, à ses vêtements retrouvés, vestiges si intimes, à ses livres. La distance géographique est une arme à double tranchant, me dis-je. La première lame, chirurgicale, vous coupe de l'être aimé, provoquant les élancements insupportables de l'amputation. Un peu plus tard, la deuxième lame, plus émoussée, en entame la représentation mentale et disperse vos souvenirs. Le paysage de l'absence devient une vue morne, comme une *veduta* dont toutes les couleurs auraient été effacées. Votre amour n'a plus le rayonnement charnel qui pourrait vous envelopper, il cesse peu à peu d'exister au monde, vous ne sentez plus rien, vous êtes anesthésié. Et pourtant l'aimé continue de vous manquer.

La distance géographique représente une déclaration supplémentaire au refus d'aimer. Elle se charge d'ajouter à l'amour envolé une topographie infranchissable. En installant entre l'aimé et vous une étendue d'étrangeté, une zone inconnue de vous parcourue de montagnes et de vallées, de lacs et de routes, de dénivelés et de constructions hostiles, elle fabrique un espace qu'on ne peut parcourir, un espace interdit.

Dans mon cas, cet espace interdit s'appelait Europe du Nord et Scandinavie. Et ce n'est pas parce que j'aurais pu m'y rendre en avion ou en voiture que l'entreprise était possible ou même envisageable. L'Amour s'était doublement enfui et l'exil intérieur était advenu, se rendant maître de la situation. Faisant de moi un philosophe médiocre.

17.

Récit de Benjamin

Le jour suivant, ressentant encore le besoin d'un peu de solitude, je laissai Andrea poursuivre seul son investigation.

De mon côté, j'allai visiter le musée égyptien. Je découvris avec émerveillement des dizaines de sarcophages archaïques peints d'yeux au niveau inférieur, exactement à l'endroit où le défunt était couché. C'était afin que les morts puissent garder un œil sur les vivants ! Les anciens Égyptiens, heureux hommes, croyaient à la vie éternelle. Le passage de l'Autre Côté était une donnée inaliénable. Mais la présence des morts dans un plan proche de celui des vifs, leurs yeux fardés grands ouverts à nos côtés, toujours présents parmi nous, évoquait un palimpseste, sans cesse réécrit. Les patronymes des uns et des autres se superposaient sans trêve, on effaçait partiellement un nom pour inscrire un autre par-dessus, mais celui d'en dessous demeurait visible. Les plans d'existence se touchaient, se chevauchaient. De ce fait, on n'était jamais débarrassé ni de la vie ni de la mort. L'au-delà, l'infra-monde, l'après-Styx, le par-delà le Nil sacré et l'ici-bas s'entremêlaient en des glissements, des frottements furtifs, des vagues mystérieuses qui provoquaient, j'imagine, au mieux des révélations, au pire des malentendus. L'ancien ne disparaissait jamais. Il perdurait à nos côtés, il ne nous lâchait pas d'une semelle ! Il veillait sur nous, nous hantant, exigeant. C'était un concept tentant, mais inquiétant.

Comme dans un cheminement de pensée parallèle, Andrea, revenu d'un déjeuner avec Alida, la fille de Monica, me retrouva dans l'après-midi dans le petit jardin de l'hôtel. Je le vis apparaître parmi les oliviers en pots, tenant une enveloppe kraft sous son bras. Son expression était celle d'un pèlerin exaucé.

— *Davvero una buona notizia !* Les dieux sont avec nous, mon vieux !

— Les dieux égyptiens, dis-je, forcément.

— Égyptiens ?

— Oui, Isis, Osiris, Râ, Thot, Anubis et toute la clique. Je reviens du Museo Egizio. Mon intercession auprès d'eux a dû fonctionner ! Aucune importance. Raconte.

Andrea se laissa choir sur une chaise à côté de moi. Il leva la main en direction du garçon pour se faire apporter un café.

— Alida a retrouvé pour nous le livre de notre cher Scopritori. *È buffo,* c'est amusant, d'une part elle savait exactement où il se trouvait, dans un carton d'albums photos anciens et de vieilles lettres, d'autre part elle ne semble pas y tenir plus que cela. Pour elle, c'est de la vieille histoire, le fascisme, la guerre et tutti quanti.

— Il y a des gens qui ne sont pas curieux de leur histoire familiale. Ça m'a toujours étonné, mais ça existe. Un gène défaillant, peut-être…

— Ou un certain sens du bonheur qui les rend prudents ! *L'inferno è lastricato di buone intenzioni, giusto ?* L'enfer est pavé de bonnes intentions.

— Je crois davantage au gène. Alors ?

— *Va bene,* eh bien, voilà !

Avec mille précautions, Andrea sortit de l'enveloppe un livre à la couverture de papier brun clair, entourée d'un mince filet noir, dont la reliure s'effritait sur le dos. Il le posa cérémonieusement sur la table, non sans l'avoir épousseté auparavant. Nous contemplâmes l'objet, sans rien dire. Le nom de Scopritori apparaissait en haut de la couverture, en majuscules. Puis au-dessous, le titre en caractères gras :

Storia di Giovanni Florio.

En plus petit, dessous :

La vera identità di W. S. rivelata.

Pour finir, le nom de l'imprimeur en bas, surmonté d'un blason de la maison de Savoie :

Leonardi Torino

Nous sommes restés un moment à contempler le livre.

— Histoire de Giovanni Florio ? La vraie identité de W.S. révélée ? ai-je dit.

— *Sì, esattamente.*

— Reste à savoir qui est ce W.S.

— On s'en doute un peu, non ?

— C'est une édition à compte d'auteur ?

— On dirait.

— Scopritori n'a pas trouvé d'éditeur qui veuille le publier ?

— Hé, sans doute.

Andrea a ouvert le livre avec des gestes de chirurgien, tourné doucement les pages, puis lu la date d'impression : 1933. Voilà qui correspondait à la coupure de journal qui relatait l'incendie de l'imprimerie Leonardi.

— Nous l'avons finalement trouvé, ton Graal, dis-je. Alida te le laisse-t-elle quelque temps pour consultation ?

— Elle me le donne !

— Et Monica ? C'est tout de même le grand œuvre de son oncle.

— J'ai promis à Alida que je le lui remettrais.

— Bon. Je compte sur toi pour me faire la lecture. Alanguis dans des coussins moelleux, avec du thé et des loukoums. J'ai un grand besoin de loukoums.

Andrea a levé son index et prononcé solennellement :

— Tu sais ce qu'a dit le grand George Steiner : *Ceux qui brûlent les livres, qui bannissent et tuent les poètes, savent exactement ce qu'ils font. Le pouvoir indéterminé des livres est incalculable…* Il l'a dit précisément ici, à Turin, lors d'un salon du Livre.

Il ne nous restait plus qu'à rentrer à Paris et à nous immerger dans cet ouvrage fragile, seul rescapé d'un autodafé et d'une autre époque. Et par là même dans la vie de cet inconnu.

Ce mystérieux Giovanni Florio.

DEUXIÈME PARTIE

"What doe the best then, but gleane after others' harvest ? Borrow their colours, inherite their posessions ?"

« Que font les meilleurs, sinon glaner après les récoltes des autres ? Sinon emprunter leurs couleurs, et recevoir leurs possessions ? »

John FLORIO,
Introduction à la traduction des *Essais* de Montaigne

« Un maestro qui dirigeait un orchestre de mots. »

Marianna IANNACCONE

« Cet infini jeu de mots qui constitue l'œuvre de Shakespeare. »

Lamberto TASSINARI,
John Florio, the Man who was Shakespeare

18.

Ainsi commençait le livre de Scopritori.

Roméo et Juliette. Vérone.

Le premier soir de leur rencontre, après le bal chez les Capulets.

À peine les jeunes amants éblouis se sont-ils souhaité une bonne nuit que la très jeune Juliette se languit déjà du jeune homme. Ils peinent à se séparer. Juliette rappelle doucement Roméo et lui dit :

O, for a falconer's voice to lure this tassel-gentle back again.

Oh, que n'ai-je la voix du fauconnier pour rappeler ce noble tiercelet.

(Acte II, scène 2)

Le tiercelet est le nom du faucon pèlerin mâle, et le verbe « to lure », dans ce cas, signifie rappeler le faucon une fois qu'il a touché sa cible.

Dans *Othello* également, écrit bien des années plus tard, le Maure, rongé par le doute et la jalousie envers Desdémone, suppute :

Si je parviens à prouver qu'elle est faucon sauvage,
Ses liens fussent-ils les cordes mêmes de mon cœur
Je la chasserais d'un sifflement et l'abandonnerais au vent
Pour qu'elle traque sa proie au hasard. (Acte III, scène 3)

Ce ne sont là que termes après termes de fauconnerie. Les autres pièces regorgent également de détails précis concernant des activités de la haute société élisabéthaine. Voici les connaissances précises dont devait disposer William Shakespeare afin d'écrire ses pièces : l'art de la fauconnerie, la pratique de l'escrime, le tennis royal, la musique écrite sur partition, l'art équestre, la danse, l'héraldique, la chasse, les tournois, tous autant de passe-temps de l'aristocratie. Également l'Histoire, la politique de cour, la diplomatie, l'astronomie et l'astrologie, la médecine, l'ornithologie, la marine, les Saintes Écritures, le latin, le grec, le français, et surtout l'italien et une connaissance approfondie de l'Italie, de sa culture et de ses auteurs, tous domaines concernant encore les privilégiés.

Il aurait dû disposer d'une très riche bibliothèque garnie de plusieurs centaines de livres, des humanistes de la Renaissance française et italienne, Boccace, l'Arétin, Dante, Machiavel, Giordano Bruno, Bandello, Montaigne, ainsi que des Anciens, Plutarque, Ovide...

Or, certains des livres écrits en italien qui ont inspiré les pièces de Shakespeare n'étaient pas encore traduits en anglais à l'époque où les pièces furent écrites, entre 1590 et 1610.

Ce que nous savons de l'homme de Stratford-upon-Avon, William Shakspeare, ou Shagspere, ou Shaksper, – nom assez fréquent à l'époque dans le Warwickshire –, suivant l'orthographe utilisée sur les documents administratifs, c'est que nous n'avons aucune preuve de son instruction. Il aurait simplement fréquenté l'école primaire de Stratford, la King's New School, où il aurait appris des rudiments de latin. Il n'était en mesure ni de parler ni de lire la moindre langue étrangère. Son père, tour à tour tanneur, marchand de laine, gantier, puis *alderman*, c'est-à-dire bailli de Stratford, était illettré, ainsi que le furent ses deux filles.

Shakspere ne nous a laissé aucune lettre à un collègue ou ami écrivain ou poète de son temps, aucune requête à un mécène de la haute société, aucun manuscrit de ses prétendues pièces, rien de sa main qui puisse nous prouver qu'il fut le dramaturge extraordinaire que l'on prétend. Son nom apparaît au contraire sur nombre de documents administratifs et légaux dans le cadre de ventes de terrains et de procès, nombreux, intentés à ses voisins ou à ses partenaires en affaires, et dans des affaires d'usure. Nous savons qu'en l'année 1598, il fut jugé et condamné pour avoir spéculé lors de plusieurs années de famine sur du blé, du malt et de l'orge qu'il avait stockés par-devers lui en attendant des jours propices pour les revendre à un prix plus élevé.

Son testament, rédigé en mars 1516, est d'une pauvreté lamentable. Il y lègue à des amis et à sa fille des meubles, des terrains, rien qui puisse s'apparenter à la chose littéraire, aucune bibliothèque riche de livres de théâtre, de poésie, de philosophie, de ces auteurs de la Renaissance, essentiellement italiens, qui ont tant influencé l'œuvre, tous ces ouvrages dont disposait un humaniste de cette époque. À sa pauvre femme Ann Hathaway, qu'il a sa vie durant abandonnée avec leurs enfants tandis qu'il travaillait à Londres, exploitant des théâtres et produisant des spectacles, il lègue pour tout objet un lit.

Sa signature apparaît en tout et pour tout cinq fois. Elle est malhabile et tremblotante.

On peut sans crainte de se tromper affirmer que l'homme de Stratford n'était ni un poète, ni un homme de cour versé dans toutes ces disciplines raffinées de l'élite, ni un savant, ni un humaniste aguerri. Il fut un homme d'affaires cynique, un propriétaire terrien qui vendait du bois et du grain, un entrepreneur avisé de spectacles, un acteur, un directeur de théâtre associé, un courtier rusé en pièces écrites par les autres.

En aucun cas l'homme de Stratford, celui que l'establishment académique a coutume de surnommer avec admiration « le Cygne de l'Avon » ou « le Barde », ne put être William Shakespeare, le génial dramaturge dont les pièces sont encore jouées de nos jours, quatre cents ans plus tard, sur toutes les scènes du monde. Celui dont les vers, les trouvailles linguistiques novatrices et magnifiques ont profondément enrichi la langue anglaise. Celui dont l'esprit d'une profondeur sans égale nous transperce et nous émeut encore aujourd'hui.

19.

Récit de Benjamin

J'ai pris dans ma bibliothèque *Une chambre à soi* de Virginia Woolf, écrit en 1929.

Nous connaissons tous ce passage dans lequel l'autrice y évoque Judith, la sœur dont elle a doté le dramaturge. Elle a littéralement imaginé une sœur à William Shakespeare, qui se serait appelée Judith. Née trop tôt dans une Angleterre ingrate et meurtrière pour les femmes, elle fut, malgré son don incontestable et sa divine sensibilité, promise par son père, au sortir de l'enfance, au fils d'un négociant en laine voisin. S'étant enfuie de chez elle par une nuit d'été, ayant gagné Londres, elle chercha protection auprès d'un acteur-entrepreneur. Engrossée par lui à seize ans, seule, perdue, elle se suicida une nuit d'hiver. Elle fut enterrée à la hâte à un carrefour, à Southwark, sur la rive sud de la Tamise, là où se trouvaient les théâtres et où est aujourd'hui, en 1929, la station de métro *Elephant and Castle* et où passent sans discontinuer les omnibus.

Who shall measure the heat and violence of the poet's heart when caught and tangled in a woman's body ?

« Qui pourra jamais mesurer la passion et la violence tapies au fond du cœur d'un poète piégé et empêtré dans le corps d'une femme ? » écrit Woolf au chapitre 3.

Cette Judith, Virginia Woolf n'a pu que la rêver. Car aucune femme à l'époque élisabéthaine, à part quelques rares dames de la haute société, n'aurait reçu suffisamment d'instruction pour envisager d'écrire. Par ailleurs, aucune femme n'aurait pu quitter le foyer parental, s'enfuir avec un petit balluchon, gagner Londres depuis Stratford-upon-Avon par les routes, sans se faire arrêter pour vagabondage. L'itinérance était prohibée en vertu du *Vagabond Act* de 1604, chacun pour se déplacer devant se munir d'une licence de vendeur ambulant, d'une autorisation, d'un document prouvant qu'il possédait une terre, ou se recommander d'un maître ou d'un mécène, au risque d'être appréhendé et fouetté publiquement, ou même d'être marqué au fer rouge et envoyé aux travaux forcés. Aucune femme n'aurait pu non plus s'aventurer sur les routes sans se faire violer à maintes reprises. Aucune jeune fille de seize ans ne serait arrivée vivante à Londres, dans le quartier de Southwark, non loin du *Rose* et du *Globe* dans les années 1590 ou 1600. C'est ce que nous dit Virginia Woolf.

Aussi, Judith ne fut jamais. Combien de Judith jamais nées ?

Je me plais à imaginer Shakespeare, quelle que soit son identité, accompagné d'une sœur, à l'esprit aussi subtil, aussi fulgurant que le sien. Elle se tient penchée contre lui, une main appuyée sur la table de travail, sa lourde jupe de lainage vert sombre soutenue par un *farthingale* et ses baleines, son corselet serré, ses manches nouées aux épaules, ornées de discrets crevés, sa collerette bleu pâle amidonnée, ses cheveux relevés sous une petite coiffe, des perles à ses oreilles. Dans l'autre main elle tient une plume d'oie taillée court. Ensemble, épaule contre épaule, ils relisent un feuillet couvert d'une écriture cursive souple et élégante. Peu de ratures. Ensemble ils repassent le texte d'une pièce, ils en formulent les répliques, testent leur impact en les lançant dans l'air de la pièce, ensemble ils les corrigent. Il leur arrive souvent de rire. Entre deux répliques en anglais, ils s'expriment régulièrement en italien, car toute l'élite se piquait de le parler. Ils forment une unité troublante. Deux têtes, quatre mains.

Cette sœur, lors de certaines de mes rêveries, prend pour moi les traits élégants et ravissants de ma Juliet. Je l'appelle Giulietta. Je ne sais encore rien d'elle. Je ne m'en ouvre pas à Andrea, à quoi bon, il se moquerait de moi et de mon cœur friable.

Nous continuons, lui et moi, notre déchiffrage du livre rescapé de Scopritori.

20.

Storia di Giovanni Florio

En tant que spécialiste de Shakespeare, je rencontre Florio partout dans les chroniques de l'époque ! Il me fascine. Il est certainement l'homme caché que tous cherchent derrière le génial dramaturge.

Tout, dans cette unique épopée, a commencé avec le père. Prénom : Michelangelo. Patronyme : Florio.

Il est né à Florence vers 1518 – mais la famille serait originaire de Sienne ou de Lucca, Lucques – de parents juifs qui se sont par la suite convertis. Dans ses écrits qui nous sont parvenus, il signe « Il Fiorentino », le Florentin. Il a connu le poète et dramaturge Pierre l'Arétin. Dans son ouvrage *L'Apologia*, conçu afin de se défendre contre les attaques d'un frère franciscain qui l'accusait d'être juif, il concède des détails autobiographiques :

Je ne fus jamais juif ni fils de Juifs, écrit-il en italien du XVIe siècle, *mais né de père et mère baptisés comme catholiques tout comme toi. Et si tu prétends que mes ancêtres furent des Hébreux avant le baptême, je ne le nierai pas.* Michelangelo n'a d'autre choix que de renier en partie ses origines afin de se protéger. L'époque l'exige durement.

Michelangelo fut un temps lui-même franciscain. Mais les « superstitions » et les « idolâtries » qu'il rencontra sous cet habit le poussèrent à s'accorder avec sa conscience et à embrasser la foi réformée aux alentours de 1541. Il devint calviniste. Il est surprenant d'imaginer que le protestantisme ait pu exister en Italie, mais certaines villes, comme Venise, Naples, Padoue ou Rome, en furent des foyers actifs. Tolérée au début, puis rejetée ensuite, la nouvelle foi et ses adeptes furent durement persécutés par l'Inquisition.

En 1548, Michelangelo fut arrêté et emprisonné pendant plus de deux ans. *Pourquoi,* écrivit-il, *me tinrent-ils en prison à Rome pendant vingt-sept mois ? Pourquoi me tourmentèrent-ils avec autant de cruauté ?*

En 1550, il réussit l'exploit de s'évader et évita ainsi le bûcher.

Il faut s'imaginer ce Juif de sang et de sensibilité, converti à cette nouvelle foi exigeante, porteur en secret du message biblique originel, cet homme de conscience antipapiste à la recherche d'une nouvelle vérité, christique celle-là. Il est encore jeune mais déjà brisé par tant de mois de détention et de tortures, physiques et morales. Il faut s'imaginer cet homme en cavale, à pied sur les routes de poussière, qui s'enfuit de Rome et, aidé par des frères protestants, traverse les Abruzzes jusqu'à Naples, puis remonte à Venise, Mantoue, Brescia, Bergame, Milan, Pavie, Casale Monferrato, dans le Piémont, pour finir par arriver à Lyon en France. Il faut se représenter l'épuisement, l'incertitude, le découragement, l'espoir fou de parvenir à un havre de paix.

De Lyon, il voyage enfin jusqu'à Paris, où il s'acquitte un temps de travaux pour le comte de Coligny et l'État français, puis de Paris à Londres, où il arrive le 1er novembre 1550. Londres, capitale accueillante, refuge pour les réformés et tous les exilés sous le règne du jeune Édouard VI. Des Églises étrangères sont même encouragées, protégées. Le jeune homme traqué s'apaise, son cauchemar a pris fin. Mais ce n'est là que le début d'un exil permanent hors de son Italie originelle et bien-aimée.

À Londres, Michelangelo Florio est aidé, soutenu. On lui confie la charge de pasteur de l'Église réformée italienne. Mais c'est un homme complexe, habité par un feu spirituel impossible à calmer, passionné et peu enclin à la sérénité. Il se retrouve bientôt plongé dans des querelles et des ennuis. Est-il instable psychologiquement ? En 1552, il est puni pour actes immoraux, dont la nature nous est inconnue. Rejeté par son protecteur Sir William Cecil, Lord Burghley, privé de son soutien, il est chassé de chez lui et renvoyé de son poste de pasteur.

C'est à cette époque difficile, peut-être même honteuse, qu'il imagine d'enseigner l'italien pour survivre. Deux manuscrits de ses cours nous sont parvenus, l'un dédicacé à Henry Herbert, comte de Pembroke, et l'autre à Lady Jane Grey, fille aînée de Thomas Grey, marquis de Dorset, et petite-fille du duc de Suffolk, Dorset étant un ami des nouveaux immigrés religieux et de qui Michelangelo est le favori. Sans doute même aurait-il été le tuteur de la princesse Élisabeth, la future reine, déjà très intéressée par la pensée et la sensibilité italiennes. Sa très grande culture, sa forte personnalité, son goût de la poésie, son charisme l'ont très tôt fait apprécier par l'aristocratie.

Michelangelo Florio est un homme brisé mais toujours inspiré, hanté par des questions de foi et de salut, et aussi sans doute par ses propres égarements. Qu'a-t-il fait exactement ? On a suggéré une histoire de mœurs. J'ai de la tendresse pour cet homme, de la compassion, même. Il est une sommité en matière d'Écritures Saintes, celui qui réunit l'Ancien et le Nouveau Testament dans un dialogue fécond, savant. Professeur au sein de l'aristocratie anglaise, il devient le premier fer de lance de la passion italienne de l'élite. Une passion magnifique, dévorante, qui grandira au cœur de la Renaissance anglaise et sera au centre des pièces de Shakespeare, dont seize sur trente-six se déroulent en Italie.

21.

Storia di Giovanni Florio

Alors qu'il évolue au sein de ces puissantes familles anglaises, Michelangelo est le témoin de bien des choses. Il voit les efforts de John Dudley, duc de Northumberland, dont il est très proche, pour convaincre le roi de coucher Lady Jane Grey, sa bru, descendante d'Henri VII et protestante, sur son testament, car elle a épousé son fils Guilford, excluant Marie Tudor et Élisabeth. Jane est l'un des esprits féminins les plus érudits du XVIe siècle. Ainsi Dudley espère-t-il entrer dans la famille royale.

À la mort du roi Édouard VI, Michelangelo est de ceux qui sont présents autour de son lit. Le testament d'Édouard exclut de sa succession ses demi-sœurs Marie et Élisabeth. Jane Grey est alors proclamée reine en grande pompe. Mais elle ne sera jamais sacrée et ne régnera que neuf jours. C'est Marie la Catholique, fille d'Henri VIII et de Catherine d'Aragon, qui sera alors couronnée. C'est elle que l'on surnommera « Bloody Mary », Marie-la-Sanglante. John Dudley sera exécuté à la Tour de Londres, ainsi que Guilford et Jane, *the Nine Day Queen.*

Marie est une catholique fervente et obsessionnelle. Aussitôt sur le trône, elle se préoccupe de rétablir la « vraie foi ». Les crucifix et les images des saints font leur réapparition aux carrefours, sur les murs des églises, dans les maisons. Les nouveaux maîtres religieux menacent les anciens croyants du feu de l'enfer. La situation des étrangers protestants accueillis à Londres est soudain bouleversée. Ils n'y sont plus en sécurité. Bientôt un édit royal chasse ces indésirables du royaume. Ils ont un jour et une nuit pour faire leurs bagages. La plupart d'entre eux s'exilent à nouveau, faisant leurs adieux à leurs amis et protecteurs anglais, renonçant à leur vie dans la capitale, laissant derrière eux un pays fracturé.

Le 4 mars 1554, quatre ans après son arrivée à Londres, Michelangelo Florio abandonne donc le royaume d'Angleterre pour le continent, refaisant la route de l'exil à rebours par Anvers, Strasbourg et l'Allemagne. La nouveauté c'est qu'il a maintenant une « famigliuola », une petite famille, dont nous savons peu de chose, sinon qu'elle se compose d'un très jeune fils, un garçonnet de pas tout à fait deux ans, né à Londres en 1553. Cet enfant est Giovanni Florio, dit John. Est-il le fruit d'un faux pas moral ? Michelangelo a-t-il dû épouser la mère ? Était-elle une réfugiée italienne ?

D'origine juive, elle aussi ? Nous ne pouvons que conjecturer.

À l'invitation de certains seigneurs, Michelangelo se rend en Suisse, à Soglio, dans le val Bregaglia, canton des Grisons. C'est le refuge le plus sûr et le plus pratique pour la diaspora des réformés italiens fuyant l'Inquisition. Michelangelo devient le pasteur de la famille De Salis à Soglio. Un certain Simon Florio, un parent, était déjà établi non loin à Chiavenna, une ville fertile en débats théologiques.

C'est dans ce minuscule village, au milieu de montagnes austères, dans la pauvreté, loin de l'agitation londonienne, de ses enjeux intellectuels exaltants et des villes italiennes à nulle autre pareilles, Florence, Lucques, Sienne, Vérone, Mantoue, Rome, Naples, que les Florio vont devoir survivre désormais.

Le père, façonné par tant de combats et de douleurs, mais habité aussi par tant de lumières intellectuelles et spirituelles, enseigne à son fils, le petit John, les Saintes Écritures, le latin, le grec, des rudiments d'hébreu. Il lui transmet aussi la poésie de sa langue natale, le toscan, ainsi que l'anglais et le français.

Imaginons un instant l'enfance de ce garçon. Ce sont des années pauvres et ascétiques mais dominées par la présence irradiante de son théologien et linguiste de père, par l'étude et les lumières de la foi et du savoir. Tandis que Michelangelo se retrouve régulièrement au centre de disputes théologiques, l'enfant devient vite bilingue en italien et anglais, sans doute parle-t-il aussi l'allemand et le français, ainsi que l'espagnol.

John a seulement dix ans, en 1563, lorsque son père l'emmène à Tübingen, dans le Bade-Wurtemberg, pour y apprendre la carrière pastorale.

Entre-temps, Marie-la-Sanglante, qui n'aura régné que cinq années, est morte en 1558 et Élisabeth Ire est montée sur le trône d'Angleterre. La nouvelle souveraine rétablit immédiatement le culte instauré par son père Henri VIII. Exit le catholicisme forcené de Marie, le protestantisme est restauré. Michelangelo et les siens ne sont par conséquent plus des parias. Ils reviennent à Londres aux premières années de son règne, mais le père ne sera jamais réintégré dans ses fonctions de pasteur et retournera par la suite à Soglio, en Suisse.

C'est apparemment seul que Giovanni-John reste en Angleterre, lieu de sa naissance. Il y trouve des appuis haut placés liés au premier séjour de son père. Il s'y installe pour toujours.

Son incomparable aventure cryptée, dans la peau d'un autre, peut commencer.

22.

Récit de Benjamin

Andrea a reposé le livre, songeur.

— Quelle destinée ! dis-je. Moi aussi, comme Scopritori, j'ai un élan de tendresse pour cet homme. Ce père habité et inquiet, qui a courageusement prêché l'Évangile, qui a élevé son garçon en exil mais lui a transmis, dans la plus grande exigence, dans la passion la plus fervente, tout ce qu'il connaissait, avec son obsession de la poésie et du verbe. Cet homme qui ne pourrait jamais revenir en Italie, terre des plus belles créations de l'esprit, et qui le savait.

— Je l'entends presque lire Dante à son fils, a dit Andrea, et Pétrarque, et Ovide. Je les imagine dans leur petit chalet de pierre et de bois dans les hautes montagnes des Grisons, à la table rustique, loin de la civilisation. À la faible lueur de la chandelle. Avec le froid et la solitude. Et la passion des mots et de l'éloquence.

— Lire ensemble l'Ancien et le Nouveau Testament.

— Le petit Giovanni a dû les savoir par cœur.

Je nous ai versé du vin. On entendait le voisin du dessus, un jeune pianiste prometteur, jeter sur le clavier de son piano les envolées lyriques et rythmées du *Roméo et Juliette* de Prokofiev. C'était magnifique, mais quotidien depuis des mois.

— Ainsi donc, voilà le curieux livre miraculé de Scopritori, ai-je fait.

— *Sì, eccolo qui,* le voici.

— Que veut-il nous démontrer exactement ? Qu'est-ce qui a bien pu l'obséder sa vie durant ?

— On va le savoir. *Quando si è in ballo, bisogna ballare !* Quand on est au bal, il faut danser ! Continuons la lecture.

— Danser au bal, oui oui… Je ne peux m'empêcher d'avoir une vision obsessionnelle, cauchemardesque de tous ces gens que leurs intimes croyances religieuses menaient tout droit au bûcher…

— C'est difficile à envisager pour nous aujourd'hui.

— Tu te trompes. Pour certains tout est toujours envisageable. Les bûchers ne sont jamais loin.

23.

Storia di Giovanni Florio

Giovanni-John Florio a-t-il été diplômé de l'université de Tübingen, célèbre pour son humanisme et ses études des langues romanes ? À la cour du Wurtemberg on appréciait la culture italienne au-delà du raisonnable. Est-ce là qu'il a parfait sa connaissance des auteurs italiens, les anciens et ceux de son temps ? Ou bien a-t-il rejoint l'Angleterre avant d'obtenir un diplôme ?

Michelangelo, qui s'était battu toute sa vie durant pour faire respecter sa vision religieuse et humaniste, serait peut-être mort à Soglio aux environs de 1570. John n'aurait été alors qu'un adolescent de quinze ou dix-sept ans. S'est-il trouvé au côté de son père à sa mort, ou était-il à Londres ? On peut aisément imaginer le désarroi et le deuil chez ce jeune homme soudain privé de sa boussole intellectuelle et morale, de son inspirateur et conseiller, de son modèle. Celui qui, l'emportant avec lui dans ses exils, l'avait réchauffé et nourri au feu de sa foi et de ses innombrables lectures, à la lumière de sa vision inspirée du monde.

De retour sur la Terre promise, il a fallu à John apprendre à vivre seul à Londres. Trouver des soutiens, des protecteurs, des amis. En 1576, il est appointé tuteur d'italien et de français pour plusieurs professeurs d'Oxford. Puis auprès d'un certain Emmanuel Barnes, fils d'un évêque, ainsi que dans plusieurs familles qui comptent. En 1581, il obtient un diplôme du prestigieux Magdalen College à Oxford.

Dans le *Stationer's Register,* le Registre des Libraires, est signalée la parution de son premier livre, *First Fruits*, « Premiers Fruits », le 23 août 1578. Il vit à Worcester Place, un groupe d'immeubles d'habitation sur Upper Thames Street, une longue rue qui court parallèlement à la Tamise, coupée en deux, avec sa partie haute et sa partie basse. Il réside près de Vintner's Hall, l'immeuble de la confrérie historique des importateurs de vin. Il s'est déjà trouvé une clientèle choisie dans l'aristocratie.

John Florio a vingt-cinq ans. Quel chemin parcouru, déjà, pour ce fragile exilé élevé dans un petit village retiré dans les montagnes. Les « Premiers Fruits », un manuel et lexique d'apprentissage de l'italien conçu pour les Anglais, et d'anglais pour les Italiens, pour « *tutti i gentili huomini e mercanti italiani* », composé d'une grammaire et de quarante-quatre dialogues, sont dédiés à Robert Dudley, comte de Leicester, fils du duc de Northumberland, à qui Michelangelo avait déjà dédié un manuel de catéchisme italien. Dudley est féru de culture italienne et parle parfaitement la langue de Dante.

Dans ce livre extraordinaire, conçu *to learne the pronountiation of our Englishe*, au cours de dialogues, les lecteurs déambulent dans le Londres élisabéthain, ont de galantes conversations, discutent des derniers ragots à la cour et font des achats. Ils se rendent ensemble à des spectacles, échangent au sujet des armes – les Italiens sont très versés dans la pratique de l'escrime et ont importé leur excellente école en Angleterre. Les qualités merveilleuses de la reine sont commentées, ses talents à parler les langues étrangères, son mécénat généreux. On y achète un nouveau livre près de la cathédrale Saint Paul, et l'on se perd la nuit par les rues sombres et malfamées. On y décèle aussi les regrets de l'auteur sur la manière rude dont les étrangers sont souvent traités en Angleterre, et le fait que les parents n'accordent que peu d'importance à ce que leur progéniture apprenne les langues étrangères. Avec son regard puritain, le jeune Florio déplore également que les gens de toutes classes s'habillent de façon extravagante.

« Que pensez-vous de cette langue angloise, dites-moi, je vous prie ?

— C'est une langue qui vous fera bon usage en Angleterre, mais passé Douvres, elle ne vaut plus rien. »

Tel est un exemple de l'échange assez féroce entre deux personnages du manuel de Florio.

« Mais que dites-vous du discours ? Est-il galant et raffiné, ou bien est-ce le contraire ?

— Certes, croyez-moi, c'est un langage confus, mâtiné de plusieurs langues : il emprunte bien des mots au latin, et plus encore au français, et d'autres encore à l'italien, et encore au hollandais, quelques-uns encore au grec et au breton, si bien que si chaque langue reprenait ses mots, il en resterait bien peu pour l'anglois. Et pourtant chaque jour ils s'additionnent. »

Voilà ce que pense le jeune Giovanni-John de sa langue d'adoption !

Il convient de se rappeler que l'Italie de la moitié du XVIe siècle est considérablement en avance par bien des aspects sur l'Angleterre de la même époque : le raffinement des arts et de la littérature, des passe-temps, de la science, l'efficacité du système bancaire, les enjeux de la politique feraient passer l'Angleterre de la jeune Élisabeth pour une terre mal dégrossie.

Dans le trente-et-unième dialogue, se trouve un discours sur la musique et l'amour : au sujet des livres obscènes, on trouve l'expression *it were labour lost to speake of love*, « ce serait peine perdue que de parler d'amour », qui frappe par sa ressemblance avec le titre d'une célèbre pièce à venir, *Love's Labour's Lost*, *Peines d'amour perdues*...

Les *First Fruits* sont inspirés de l'Espagnol Guevara et de Lodovico Guicciardini, deux moralistes, ainsi que de l'Arioste et de Pétrarque. On y trouve aussi une liste de proverbes italiens. L'ouvrage utilise des allitérations et des ornements et se revendique de l'Euphuisme de John Lily, ce courant littéraire qui veut élever la langue et la culture anglaises. Il s'agit manifestement pour Florio d'enseigner non seulement la langue de Dante mais aussi le raffinement et une certaine moralité.

Les *First Fruits* sont un guide si novateur, proposant de si précieuses règles grammaticales et phonétiques, qu'il aurait dû attirer l'attention de tous les spécialistes de l'anglais élisabéthain. Mais personne, hélas ! ne s'y est à ce jour beaucoup intéressé.

John Florio devient bientôt un linguiste réputé, partisan d'une certaine élite, souvent snob, persuadé qu'une société hiérarchisée dans laquelle la noblesse, arbitre du bon goût, seule capable de comprendre les raffinements du langage, tient le haut du pavé et constitue l'idéal. Mais il est paradoxalement aussi un humaniste ouvert et curieux, sceptique face aux dogmes, intéressé par le peuple et son expression. Peu à peu il perd son regard puritain, il s'émancipe, il mûrit.

24.

Récit de Benjamin

Je me suis procuré la version anglaise du livre de Karen Blixen oublié par Juliet. La nouvelle qui m'intéresse s'appelle *La Soirée d'Elseneur.* C'est une curieuse histoire, étrange et tourmentée.

À Elseneur, près du port, se trouve une vieille et grande maison grise qui a appartenu à la famille de Coninck. En 1813, après des événements tragiques, la famille l'abandonna et partit s'installer à Copenhague. Seule la vieille nourrice, Hanne Baek, y resta pour l'entretenir. On nous raconte que les deux filles de la famille, Fanny et Eliza, autrefois les plus jolies et les plus spirituelles d'Elseneur, étaient très courtisées. Elles étaient le centre de la vie mondaine de la ville. Dans leurs chambres, elles possédaient des volières pleines d'oiseaux exotiques, cadeaux de leurs admirateurs. Or, pour une mystérieuse raison, les deux merveilleuses sœurs ne se marièrent jamais et furent la proie d'une terrible mélancolie.

Des décennies plus tard, nous apprend l'auteure, la vieille nourrice vint les chercher à Copenhague en voiture à cheval par un hiver glacial. Il y avait plus de dix lieues entre Elseneur et la capitale et la route qui longeait la mer se perdait dans la neige. L'Øresund, le détroit entre le Danemark et la Suède, était entièrement gelé. Hanne Baek manqua mourir. Mais elle pensait que les demoiselles devaient absolument revenir dans la grande maison grise d'Elseneur, car quelqu'un les y attendait. Lorsqu'elles retournèrent dans leur ancienne maison, Hanne Baek leur prépara du thé et des gâteaux et elles prirent toutes place autour de la table, comme autrefois. C'est alors que Morten, leur frère bien-aimé, apparut et prit place près d'elles. Des années plus tôt, au temps de leur jeunesse, il avait abandonné sa fiancée le jour du mariage, s'enfuyant pour une vie d'aventure et jetant l'opprobre sur la famille. Émues, Fannny et Eliza échangèrent des nouvelles avec ce frère adoré, légèrement vieilli, qu'elles n'avaient pas vu depuis trente ans. Il leur apprit qu'il avait été pendu à La Havane des années plus tôt. Fanny, désespérée, le supplia de l'emmener avec lui, de la sauver de sa vie triste et froide. Mais le fantôme de Morten s'effaça et disparut.

Une histoire d'amour contrarié, d'amour impossible, d'amour et de mort. De solitude et de renoncement. De spectres. Voilà ce que lisait Juliet lorsqu'elle m'avait quitté. J'étais perplexe.

Andrea a insisté à plusieurs reprises pour m'emmener au spectacle d'un médium. Un médium ! Il semblerait qu'un de ses amis italiens lui en ait parlé, ébloui par la performance du mage. J'ai tenté de me soustraire à cette aventure un peu ridicule, mais il a insisté.

— Tu veux me faire le coup de *Scoop*, le film de Woody Allen ? ai-je ironisé.

— Pourquoi pas ? Si ta dulcinée t'apparaît dans une boîte, qu'est-ce que tu diras ?

— Ma dulcinée n'est pas morte, que je sache.

— *È come se lo fosse,* C'est tout comme.

— Elle m'a seulement quitté.

— C'est pour te distraire de ta *malinconia*, ta mélancolie tenace, *amico mio*.

— Grâce à notre Scopritori, figure-toi qu'elle me hante beaucoup moins ! Je l'avoue, ce livre me sort de mon aphasie. Il est passionnant, il distille un je-ne-sais-quoi de...

— Je ressens la même chose. L'impression qu'une information prodigieuse nous a été cachée. Que le monde entier a été trompé.

— Oui, mais de quoi s'agit-il exactement ?

— *Ballare, bisogna ballare...*

— Oui, oui, danser. Bon, allons voir tes boîtes magiques, ça nous donnera des idées.

Tout devait se passer dans un petit théâtre privé du 9e arrondissement. Devant les portes tarabiscotées et dorées, une foule s'était massée sur le trottoir mouillé, luisant d'éclats de lune. Lorsque celles-ci se sont ouvertes, le public a pénétré docilement dans le théâtre, sans bruit, toute conversation soudainement tue. On aurait dit les sectateurs des mystères d'Éleusis, déjà drogués par les vapeurs rituelles des fleurs toxiques ! J'ai jeté un coup d'œil ironique à Andrea. Il m'a fait un clin d'œil.

Une ouvreuse souriante et muette nous a accompagnés jusqu'à nos places. Une musique déroulait ses volutes planant dans la salle. Puis la lumière des appliques décorées d'astres a baissé jusqu'à s'éteindre tout à fait. Le noir complet a duré un peu trop longtemps. Des amateurs ! ai-je pensé. Le mage est sans doute en retard, il est retenu dans les embouteillages, ou bien l'accessoiriste fébrile a perdu un chapeau et court derrière le rideau pour parfaire les derniers détails, ou alors une trappe est coincée et ne fonctionne plus. Éternels bricolages du théâtre, pathétiques comme nos vies, ni plus ni moins.

Soudain, la musique envoûtante s'est tue et une curieuse mélodie ancienne a résonné, venant d'on ne savait où. Une chanson de la Renaissance, jouée sur des instruments anciens, virginal, viole de gambe, flûte, luth, chantée en anglais. J'y ai reconnu des paroles, *Flow my tears*, « coulez mes larmes, surgissez de vos sources »… Une pavane de pleurs. C'était d'une tristesse et d'une beauté infinies.

Et tandis que l'air déroulait ses lents rubans déchirants, le grand rideau s'est ouvert et un homme au visage émacié est apparu sur la scène. Il portait un long manteau sombre, légèrement scintillant, et un chapeau en velours violet. Calquant ses gestes sur la musique, il a placé devant lui une table, sur laquelle sont apparues des fioles de diverses tailles et formes, comme autant de flacons d'élixirs. Un alchimiste, ai-je pensé. À côté il a posé un globe armillaire aux reflets de cuivre patiné et un crâne humain. Des perruches bleues et vertes sont descendues des cintres en pépiant pour se poser gracieusement sur le globe et sur le crâne poudreux.

Puis, comme sorti de nulle part, est apparu par le côté jardin un grand coffre sombre de la taille d'un homme, aux ferrures de cuivre. Sa porte était ouverte, il était vide.

— C'est sûrement là que les choses intéressantes commencent, m'a chuchoté Andrea en me faisant à nouveau un clin d'œil.

La musique s'est doucement effacée, remplacée bientôt par un silence épais.

— Gentes dames, gentils sires, a prononcé l'homme, le monde est d'une richesse inépuisable ! Il nous offre moult spectacles fascinants ou troublants tableaux ! Il nous murmure des choses qui échappent à notre entendement. Il nous guide et nous égare tout à la fois. Ceux que nous aimons, ceux qui enrichissent nos existences de leur présence lumineuse, nous quittent un jour, nous glissant entre les doigts comme du sable. Ceux qui ont illuminé leur époque ou même seulement leur cercle d'amis fidèles de leur intelligence, de leur rayonnement, semblent à jamais perdus. Nous avons tous fait l'expérience de cette perte irrévocable si douloureuse que nous ne parvenons pas même à la penser. Pourtant, ceux que nous avons aimés, qui nous ont inspirés, sont simplement de l'autre côté. Leur esprit n'est pas effacé, ni perdu. Ils marchent à nos côtés et nous accompagnent. Peu importent la distance, les années, peu importent le temps ou l'époque. Tels des astres, ils continuent de briller, mais nos yeux ne les voient pas. Ce soir je vous propose de les retrouver quelques précieux instants, afin d'apaiser vos doutes et vos tourments.

Le mage a alors retroussé ses manches moirées et pris une longue baguette. Il a fait de larges mouvements circulaires dans l'air devant lui, les yeux fermés, ses lèvres closes remuant imperceptiblement, puis il s'est immobilisé.

D'une voix altérée, devenue légèrement rauque, il a parlé.

— Les alchimistes des temps anciens avaient raison. Les secrets de la vie nous sont accessibles. On nous parle depuis l'autre côté. Chut ! Écoutez ! C'est la voix d'une femme. « Je suis là. Je suis là », dit Giulietta. « Je suis à ses côtés. John est avec moi. C'est ensemble que nous avons travaillé. Père nous voulait ensemble. Père nous aimait tous les deux, l'un autant que l'autre. Il nous a enseigné la vraie religion, la philosophie, la poésie de la même façon. C'est pour lui que nous avons écrit l'œuvre. C'est pour le monde aussi. C'est une œuvre cachée. Mais si le monde entier la connaît dorénavant, personne ne connaît la vérité de sa création. Car c'est une œuvre pour les Temps. Mon frère s'est tu et je suis restée cachée. Dans le tumulte de l'époque, au théâtre, à la cour, dans les palais, à l'ambassade, chez les grands de ce monde, tout devait rester invisible. L'usurpateur est entré dans la lumière à notre place. Nous avons laissé faire. Seuls quelques princes et mécènes, quelques amis dramaturges connaissaient le secret. Personne n'a rien divulgué. Ce fut ainsi. »

Un silence suspendu, fragile, a pris possession de la salle.

J'ai coulé un regard vers Andrea, sidéré. De quoi ce mage parlait-il ? À quelle œuvre faisait-il allusion ? Cette Giulietta était-elle la mienne ?

Le médium s'est ensuite déplacé vers le grand coffre sombre aux serrures dorées et en a refermé la porte, qu'il a soigneusement verrouillée. Il a ensuite agité sa baguette dans sa direction en marmonnant une formule inaudible. Un tonnerre de théâtre a retenti, comme lorsque l'on secoue furieusement une plaque de métal dans les coulisses, et la porte de la boîte s'est ouverte d'un coup. La salle, d'une seule voix, a poussé un cri.

Dans l'encadrement se tenait une jeune femme en costume Renaissance, une robe de brocart bleu aux manches parsemées de crevés, à la taille marquée, au corselet brodé, avec une jupe large. Elle portait à la ceinture un cordon de soie auquel étaient accrochés un sceau, des clés, une paire de ciseaux, un *pomander* pour diffuser du parfum. Une fine collerette tuyautée bleu pâle enserrait son cou blanc. Seul un triangle de peau livide apparaissait entre la fraise et la dentelle du décolleté. Ses cheveux châtains semblaient relevés en un chignon recherché, surmonté d'une coiffe. Elle portait aux oreilles des perles à l'orient discret. Le mage, d'une voix douce, l'a invitée, l'a encouragée à sortir de la boîte. Il lui a tendu une main qu'elle a prise dans la sienne, gantée de fin cuir blanc et brodé. Elle a contemplé un instant la salle d'un air un peu farouche. Puis, malgré l'hésitation, elle s'est avancée avec grâce. Je l'ai contemplée, abasourdi. La blondeur de Juliet avait fait place à une nuance auburn, mais le visage était le même, finement dessiné, délicat. Un visage si intelligent, si fascinant. Le corps paraissait le même aussi, jeune, souple, souverain. J'ai manqué d'air. Andrea a disparu de mon champ de vision, la salle entière a glissé vers le noir. Giulietta m'a jeté un regard complice, navré.

Je me suis réveillé.

25.

Storia di Giovanni Florio

Vers 1578-79, Florio se retrouve au Magdalen College, l'université puritaine. « Ayant depuis un certain temps été forcé de faire de nécessité vertu, et contraint de gagner ma vie en prenant sur mes épaules la charge d'enseigner la langue italienne à des érudits en la réputée université d'Oxford, je ne puis faire autrement que de quitter Londres, à regret, et de m'installer en cette belle ville dédiée à la connaissance, à deux jours de voyage de la capitale », écrit-il dans une lettre. Il vit donc quelques années à Oxford même, la ville aux nombreuses universités, et y fait la rencontre de Samuel Daniel, le grand poète et dramaturge, qui influencera plus tard les poètes romantiques. C'est une amitié qui durera toute leur vie. Florio s'éprend de Grace, sa sœur, et l'épouse aux alentours de 1580. Ils ont bientôt une fille, Joane, baptisée en l'église Saint-Peter-le-Bailey, sur New Inn Hall Street, quelque temps après. Il y fait aussi la connaissance de

Matthew Gwinne, un étudiant gallois, passionné d'Italie, qui deviendra par la suite un excellent médecin, membre de l'ordre des chirurgiens-barbiers. On dit qu'il écrivait de mauvais vers italiens et qu'il fut, tout au long de sa vie, un ami fidèle de Florio. Je me rappelle soudain les dialogues savoureux entre les soldats gallois, écossais et irlandais à la veille de la bataille d'Azincourt, dans la pièce *Henri V* de Shakespeare (acte III, scène 3). Le personnage du Gallois Llewellyn est le plus important d'entre eux.

Nul doute que Florio a immédiatement parlé italien à sa fille, qu'il a dû chérir immensément, comme afin de recréer le lien sacré, déchiré depuis la mort de Michelangelo, avec la langue de Dante et leur pays perdu. Cette enfant représentait certainement une douloureuse et heureuse continuité dans l'exil. Je me plais aussi à imaginer que si Florio avait une sœur – je ne sais pourquoi, si ce n'est à cause du postulat terrible de Virginia Woolf, j'aime imaginer cette sœur –, elle l'aura certainement accompagné à Oxford, vivant avec le jeune couple, s'occupant avec Grace du ménage et de l'éducation de la petite Joane, se rendant au marché couvert de Queen Street, tandis que Florio partait le matin donner ses cours au Magdalen College, par-delà les murs de la ville à l'est, au-delà des collèges de Christ Church ou de Corpus Christi. Puis il passait ses après-midi à travailler à ses écrits, sonnets, dictionnaires et lexiques. Et à son grand œuvre caché.

Lorsque l'on contemple les bâtiments de l'université, ces maisons pointues collées les unes aux autres, comme de petits palais aux fenêtres médiévales, aux bow-windows ouvragés et délicats, aux hautes cheminées, à la tour crénelée et aux clochers parsemés d'épines, on se croirait dans une ville de légendes. « Je me demande comment quiconque fait quoi que ce soit à Oxford à part rêver et se laisser aller aux souvenirs, l'endroit est si plein de beauté que l'on s'attend presque à entendre les gens chanter au lieu de parler. Tout, je veux parler des universités, est comme un opéra », écrira William Butler Yeats, le poète irlandais, au tournant du XXe siècle.

Puis, en 1583, Florio et sa petite famille reviennent à Londres et s'installent dans Shoe Lane, une petite ruelle qui serpente depuis Fleet Street, jusqu'à l'église St. Andrew Holborn et Holborn Manor, en dehors de la City. À l'époque, Fleet Street, cette longue rue parallèle à la Tamise, traverse le cours de la rivière Fleet par le pont de Fleet Bridge. Lorsque l'on consulte le fameux *Agas Map*, la carte de référence du Londres ancien d'avant l'incendie de 1666 qui détruisit quasiment tous les bâtiments de la capitale, on voit que Holborn délimite le nord-ouest de la ville. Au-dessus s'étendent des champs et des jardins, Ely Place, Gray's Inn, des anciens cloîtres, prieurés et *nunneries*, monastères vidés par le retour en force du protestantisme. À Ely Place, se trouve le manoir de l'évêque d'Ely, avec Etheldra's Church, sa curieuse chapelle médiévale. Ses jardins sont réputés pour ses fraises. Dans *Richard III*, de Shakespeare, acte III, scène 4, Richard, duc de Gloucester, le futur roi, dit à l'évêque : « Mon Seigneur d'Ely, lorsque j'étais à

Holborn la dernière fois, j'ai aperçu de belles et bonnes fraises dans votre jardin, je vous conjure d'envoyer quelqu'un en quérir. » Puis on en apporte à Richard qui les mange. On peut se demander si elles ne lui ont pas causé une allergie, car peu après son bras devient infirme ! Les fraises d'Ely Place, qui poussent si près du domicile de Florio, apparaîtront aussi dans *Henri V*.

Dans le quartier du manoir d'Ely, se trouve la taverne *Ye Olde Mitre*, La Vieille Mitre. Non loin, se trouve Grays Inn et ses jardins. C'est une des quatre *Inns of Court*, associations d'avocats et de juges de Londres. Florio croise souvent l'un des maîtres du banc, ou quelques-uns des *barristers* à La Vieille Mitre, lorsqu'il va y manger un repas sur le pouce et boire une bière.

Lorsque Florio sort de sa maison et descend Shoe Lane, il passe devant le *cockpit*, la petite arène de combats de coqs. Il lui arrive, à ses heures perdues, d'y entrer, moins pour le spectacle des volatiles excités au brandy que pour l'atmosphère fébrile. Il aime observer les hommes tout à leurs paris et à leurs vociférations, aux prises avec leurs rêves pathétiques. En traversant le pont et en remontant la colline de Ludgate Hill il n'est qu'à quelques encablures de la cathédrale Saint Paul. Derrière la cathédrale, celle de son époque avec sa tour carrée, non celle de Christopher Wren que nous connaissons aujourd'hui, construite après l'incendie, il peut s'arrêter un instant dans son jardin et flâner sur Paternoster Row, là où sont les libraires et les éditeurs, pour feuilleter les derniers livres proposés à la vente. Puis, si Grace le lui a demandé, il peut pousser un peu plus loin à l'est, et passer dans Cheapside, la rue élégante, où, près de la *Great Conduit*, la grande fontaine, débouchent les rues aux noms évocateurs : Milk Street, Bread Street, ou Poultry Street, pour rapporter une grosse miche blanche de pain *manchet*, le meilleur qui se vend à Londres, ou des canetons d'Aylesbury ou quelques pigeons, moins chers, afin de farcir une tourte. Pour le lait frais, Grace sait qu'il vaut mieux se rendre à St. James Park et l'acheter auprès d'une fermière qui s'occupe de vaches bien tenues et en bonne santé. Parfois il entre dans la taverne *The Mermaid*, La Sirène, pour y retrouver des collègues du monde des lettres et y boire une bonne double bière. Shakspeare, le producteur et acteur de Stratford, s'y trouve souvent.

Florio, malgré son élitisme naturel et son ambition forcenée, ne dédaigne pas de se frotter aux gens du commun, de se mêler aux activités populaires. Au contraire même, il les recherche, elles lui fournissent de précieux renseignements pour ses lexiques, ses dictionnaires Anglais-Italien, pour ses traductions, de merveilleux regards sur le langage tel qu'il est pratiqué dans cette vibrionnante ville de Londres. Rien de ce qui a trait à l'humain, au trivial, au quotidien, au pathétique, mais aussi au sublime, ne lui est étranger. Il en fait son miel, il est l'homme-monde.

Le voici qui se presse le long de Fleet Street, vers l'ouest. Le temps est à la pluie, il a endossé sa longue cape de drap gris et porte un chapeau de velours. Il progresse vers Butcher Row, qui abrite l'ambassade de France, où il est attendu. Il porte un maroquin sous le bras dans lequel il a glissé des feuilles de papier. Sur sa gauche, le quartier de Temple Inn, les écoles de droit, enchevêtrées dans leurs petits jardins entourés de murets moussus. Il passe devant l'église St. Dustan, puis Chancery Lane. À l'endroit ou Fleet Street devient le Strand, il dépasse *Temple Bar*, l'octroi qui sépare la City de Londres de celle de Westminster. Puis il débouche dans Butcher Row, une rue qui n'existe plus aujourd'hui. Alors qu'il y pénètre, il croise brièvement un homme très brun, enroulé dans une grande cape noire d'aspect élimé, qui lui jette un regard incandescent, avant de quitter la rue et de se diriger à droite vers le Strand.

C'est Michel de Castelnau, seigneur de Mauvissière, qui est à l'origine de cette décision de Florio de revenir à Londres. L'ambassadeur de France auprès de la reine Élisabeth a décelé en l'Italien les talents compatibles avec son travail diplomatique ô combien délicat. Il a vu en lui l'érudit polyglotte rompu aux usages du monde, à l'intelligence aiguë, au savoir encyclopédique, celui qui enseigne le langage et la grammaire, la poésie et la littérature, l'art de vivre aux puissants, celui qui connaît les Écritures, en bref l'homme providentiel. Après l'avoir reçu et avoir discuté avec le jeune homme un assez long moment – ils ont pris le temps de partager un verre de vin de Gascogne accompagné de quelques amandes –, Castelnau lui parle d'un autre Italien, de Nola, près de Naples, avec lequel il sera amené à travailler. D'ailleurs peut-être l'avez-vous croisé, lui précise-t-il, il est sorti d'ici tout à l'heure, juste avant votre arrivée. C'est un réfugié religieux et politique à qui je souhaite donner asile, un homme fascinant à la pensée originale et puissante, unique. Il s'appelle Giordano Bruno.

26.

Récit de Benjamin

— Notre Scopritori connaît décidément le Londres Tudor comme sa poche, fis-je remarquer à Andrea.

— *Sì*, à croire qu'il y a vécu !

— Et cette mention de Giordano Bruno… à Londres…

— *Strano*, étrange. Lisons cette histoire d'ambassade.

Je nous ai resservi du Moscato d'Asti. Avec des *cantucci* aux amandes un peu secs, c'est parfait.

J'imaginai Florio rencontrant Mauvissière dans son ambassade de Butcher Row. Que venait y faire ce jeune Italien surdoué ?

Storia di Giovanni Florio

Dès 1583, Florio est employé chez Mauvissière et à son ambassade. Chez l'ambassadeur, il est le tuteur de sa fille Catherine Marie, nommée en hommage à Catherine de Médicis et Marie d'Écosse. À l'ambassade, il est employé à des travaux d'interprétariat et « autres tâches honorables », « tâches dans l'exercice desquelles il s'est comporté avec prudence, honnêtement et avec loyauté ». Cet endroit est le lieu de tous les dangers car on y défend la cause de la catholique Marie Stuart, ennemie jurée de la reine Élisabeth, et l'on y surveille avec attention les rapprochements et les intrigues entre le gouvernement de Sa Majesté et les huguenots français. Comment Florio, ce jeune protestant convaincu, a réussi à servir sans ambiguïté les intérêts de la France catholique est une vraie question. Car des messages en provenance de France et d'Écosse, où se trouve emprisonnée Marie Stuart, se croisent quotidiennement. Par ailleurs, la maison de Butcher Row est dûment surveillée par le redoutable Francis Walsingham, secrétaire d'État d'Élisabeth, et ses excellents espions.

Florio est dispensé d'habiter à l'ambassade même, en raison de sa famille. Mais il s'y rend quotidiennement pour effectuer ses tâches professionnelles et privées. Catherine Marie est une enfant très intelligente, peut-être même une enfant prodige, et Florio éprouve beaucoup de plaisir et de satisfaction à lui enseigner l'italien, l'anglais, ainsi que le latin. Ils ont ensemble des discussions riches et de très haut niveau. Marie d'Écosse écrit régulièrement à sa protégée dont elle admire les talents. « *Ma filleule, ma mie, j'ay esté très aise de voir par vos lettres la preuve des perfections dont j'ay entendu que Dieu vous a douée en si grande jeunesse* », écrit l'Écossaise en français à la fillette de six ou huit ans. Cette dernière joue également de plusieurs instruments « *si bien que l'on se demande si elle est chair ou esprit et, de son comportement déjà si mûr et noble, si elle est de cette terre ou descendue des Cieux* », écrira Giordano Bruno qui partage lui aussi le destin de cette maisonnée des Mauvissière et l'admiration générale pour cette enfant.

En ces années 1580, l'ambiance est à la suspicion et à la violence car, après l'assassinat du Prince d'Orange, la France et l'Espagne se rapprochent et l'Angleterre s'en alarme. Il n'est pas rare que les deux Italiens, Florio et Bruno, tous deux employés du papiste Mauvissière, soient pris à partie par une foule agressive dans la rue. On les conspue, on les menace. L'épouse de l'ambassadeur, une femme charmante mais à la santé fragile, ne résistera pas longtemps à l'hostilité ambiante. Les Mauvissière et leurs enfants quittent Londres en 1585 et sont remplacés par Guillaume de L'Aubespine, baron de Châteauneuf. Sur recommandation chaleureuse de Mauvissière, le 16 septembre, Florio est appointé par Châteauneuf pour reprendre ses travaux habituels. Un an à peine après l'arrivée du nouvel ambassadeur, la catholique Marie d'Écosse sera décapitée, essentiellement à la demande de Walsingham, féroce anti-papiste, traumatisé par le souvenir de la Saint-Barthélemy en France.

Joane, la fille de Florio et de Grace, vient d'être baptisée à Oxford. Il semble que Florio ait laissé sa famille là-bas dans un premier temps, puis ensuite qu'il l'ait fait venir dans la maison qu'il avait achetée, à Londres, dans Shoe Lane. Deux autres enfants, Edward et Elizabeth, seront baptisés dans la paroisse de St. Andrew Holborn, en 1588 et 1589.

Florio a maintenant trois enfants. Depuis son bureau personnel dans la maison de Butcher Row, il s'acquitte de tâches délicates, comme porter des messages au redoutable Walsingham, à Sir Walter Raleigh, le grand navigateur et poète, favori de la reine, à des membres du *Privy Council*, le Conseil de la Reine, à Robert Dudley, comte de Leicester, un vieux protecteur de la famille Florio, à la comtesse de Sussex, au Seigneur Trésorier, ou à la comtesse d'Oxford.

On peut se poser la question suivante : Florio n'aurait-il pas été un espion à la solde de Walsingham jouant un double jeu avec Mauvissière, puis Châteauneuf ? C'est tout à fait possible. En 1626, dans *La Toison d'or*, une satire d'un certain William Vaughan qui connut très bien Florio, ce dernier y est montré en espion pour le secrétaire d'État. Florio aurait donc, pendant ses années à l'ambassade de France, servi en réalité les intérêts de la Couronne anglaise, ce qui n'a rien d'étonnant lorsqu'on sait sa fidélité au pays qui accueillit sa famille en fuite et lui fit une place de choix.

John Florio, un esprit supérieur, un érudit, un lettré rare, un poète, un initié de l'Ancien et du Nouveau

Testament, un connaisseur, ô combien, des rouages de la politique, des caractères des grands de ce monde, de leurs habitudes, de leurs travers, de leurs plaisirs et de leurs passions.

Mais aussi, sans doute, un agent double.

27.

Londres.

Rêverie.

Giulietta s'est levée tôt ce matin, comme à son habitude. Un certain coq, très arrêté dans ses opinions, gardé avec quelques poules dans la cour d'une maison qui borde Holborn Manor, réveille généralement le voisinage. Puis elle a entendu Garson qui revenait avec du bois pour les cheminées. Elle a écarté les rideaux du lit et s'est levée d'un bond, a jeté son indienne sur ses épaules, puis s'est mise à la fenêtre à petits carreaux dont le verre épais et irrégulier crée des vaguelettes et des effets de diffraction qui la ravissent. Shoe Lane était calme. Une simple charrette tirée par un homme la descendait en direction de Fleet Street, et deux fillettes poussaient devant elles, à l'aide d'une baguette, un petit aréopage d'oies blanches. Elle a frotté les traces de buée sur le verre afin de mieux les observer.

La servante Nellie lui a apporté de quoi faire sa toilette. Elle s'est aspergé le visage, les yeux, les oreilles et les mains d'eau de la fontaine. Puis s'est méticuleusement frotté le corps avec des *rubbers*, de fins et doux linges de lin, avant de répandre de l'eau de rose sur son cou et ses épaules. Elle aime faire ses ablutions seule. Nellie est ensuite revenue pour l'aider à s'habiller, lui a passé sa chemise propre de batiste brodée, son corselet, son jupon, ses bas de laine et ses jarretières, et sa simple jupe de drap. Aujourd'hui elle ne sortira pas. Giulietta s'est enquise si sa jupe bleue avait bien été nettoyée. Nellie lui a assuré qu'elle avait été brossée et parfumée à la poudre d'iris. Elle lui a ensuite frotté les cheveux avec d'autres *rubbers*, les a peignés avec trois peignes d'ivoire de plus en plus fins, les a fixés en chignon haut, au sommet duquel elle a épinglé une mince coiffe de dentelle. Puis elle lui a noué une collerette simple autour du cou, et lui a rendu son indienne afin qu'elle s'en couvre à nouveau.

La jeune femme fait ses prières, après quoi elle chantonne un air de Thomas Tallis :

Spem in alium nunquam habui praeter in te, Deus Israel, Je n'ai jamais placé mon espérance en aucun autre que toi, ô Dieu d'Israël.

Bribes d'une conversation matinale.

— Mon frère est-il levé ? demande Giulietta à la servante, même si elle connaît déjà la réponse.

— *Yes, Mistress.* Il est à son travail, dans son étude.

— Et *Mistress* Grace ?

— Le clocher de St. Andrew n'a pas sonné six heures.

— Et les enfants ?

— Ils dorment.

— Préparez-nous, voulez-vous, notre petit déjeuner en bas pour sept heures, comme d'habitude, du pain, du beurre, des harengs et des fruits. Je vais saluer mon frère puis lire un peu.

— Bien, *Mistress*. J'ai le temps d'aller chercher le lait pour les enfants chez la laitière.

— Oui, mais ne faites pas attendre *Mistress* Grace, surtout. Merci Nellie.

La domestique s'éclipse, sachant qu'il va lui falloir finir de rallumer les cheminées, mettre encore de l'eau à bouillir, apprêter les vêtements de ses maîtres et courir jusqu'à Milk Street, derrière la cathédrale, pour rapporter le lait frais, avant de préparer la collation de Florio et de sa sœur, puis celle de la maîtresse de maison et des enfants un peu plus tard.

Giulietta frissonne et resserre son châle autour d'elle, monte à l'étage supérieur par un escalier étroit et frappe à la porte de l'étude. Elle n'attend pas la réponse, qui tarde souvent à venir, et entre. À cet instant le clocher de St. Andrew sonne six coups et ses vibrations profondes emplissent la pièce. Elle s'approche de l'homme de dos, penché sur un manuscrit. Devant lui, sur la lourde table, une pomme achève de se décomposer sur un plat d'étain, dans un concert de verts, d'orangés et de noirs, à côté de l'encrier.

— *Right on time*, ma chère Juliette – en français –, dit-il sans lever la tête.

— À temps pour quoi, *dearest* ?

— Pour la scène finale du dernier acte !

La jeune femme entoure les épaules de son frère de ses bras, l'embrasse, puis va s'asseoir sur le tabouret à côté de lui. Elle attend que se tarissent les grattements de la plume sur le papier. Elle connaît la puissance de son extrême et précieuse concentration.

Finalement, il s'interrompt dans un ultime geste de sa plume, la repose dans un pot, se recule dans son fauteuil et laisse échapper un soupir d'épuisement. Se frottant les yeux, il se tourne vers sa sœur et lui prend la main. Il lui sourit.

— *Since when are you up, my Sweet ?* Depuis quand es-tu levée ?

— Oh, c'est *Cock Hades*, le coq des enfers, tu sais bien, qui se charge de me rappeler au monde.

— Celui-là, il faudrait mettre sa tête, et toutes celles de ses congénères, sur une pique, devant l'entrée du pont. Ce serait plus utile, peut-être, que de décimer notre noblesse parfois encore trop papiste... C'est plutôt cette considération-là qui me réveille, si j'ai quelque honnêteté. Si cela continue... *But hush*, chut, je n'ai rien dit.

— Tu ne t'es pas couché ?

— J'ai demandé à Garson de me secouer à trois heures. Je voulais achever.

— Tu vas finir par ne plus dormir du tout ! Que va dire Grace ? Un jour elle s'en rendra compte...

— Elle ne le sait pas. Et je te prie de ne rien lui dire.

— Oh, tu sais comme je vis déjà une vie clandestine. Loin de moi l'idée de dénoncer les autres clandestins !

Florio attrape la main de sa sœur et l'embrasse vivement.

— Père aurait aimé nous voir ainsi ensemble, deviser de bon matin, dans sa ville chérie, sa Terre promise, en sécurité. Souvent je me dis que vivre ici ensemble, travailler ensemble comme nous le faisons, est lui rendre le plus beau des hommages.

— J'en suis persuadée, Giovanni, et ta petite famille aurait été pour lui une bénédiction. Alors, cette dernière scène ? Une fois que tu me l'auras lue, je te montrerai mon sonnet !

Florio la regarde, un demi-sourire sur les lèvres, il se saisit de la liasse de papier et s'éclaircit la voix. Puis il lui lit trois pages. Giulietta attend une bonne minute, comme étourdie, avant de parler.

— C'est absolument magnifique. Mais est-ce que tu ne crains pas trop l'effet pernicieux du tragique sur l'esprit des spectateurs ? C'est toi qui me dis que le public aime se voir dans une œuvre, comme dans un miroir…

— Tu as raison. Et tu as tort ! Je montre un très jeune homme infatué de lui-même, amoureux de l'amour. Crois-moi, bien des gens vont s'y reconnaître ! Mais ensuite il rencontre l'amour vrai en la personne de Juliette et c'est l'amour idéalisé, platonique ! Là, je prends le risque de perdre la moitié de mes spectateurs, mais les poètes et les gentilshommes, eux, comprendront ! C'est surtout une tragédie lyrique et les gens adorent ça ! Je me demande ce que Marlowe en aurait pensé…

— Mais toute l'action se passe en quatre jours, Gio ! Quatre jours pour se rencontrer, rêver l'amour et mourir ! C'est terrible !

— Je te promets d'écrire avec toi une pièce tout à fait gaie juste après. D'ailleurs j'ai déjà l'argument. Elle se déroulera à la *Midsummer*, en plein été. Je te jure que tes amoureux y seront comblés !

— J'espère que tu ne me prends pas pour une femme superficielle et amoureuse, assène Giulietta avec une moue fâchée. Je place l'amour beaucoup trop haut.

— Ce n'est pas moi qui te le reprocherais, *Carissima.* J'ai toujours été intrigué par la nature double de l'amour, il est tout-puissant, mais ambigu et fragile. Comme tu le sais, la pièce est inspirée du poème d'Arthur Brooke « Romeus et Juliette », écrit il y a quelque trente ans. Il avait lui-même emprunté à nos auteurs Da Porto et Bandello. Mais tu me connais, je l'ai nettement améliorée !

— Ce que tu m'as lu est sublime. Poignant. Je vois cette pièce comme une ode douloureuse à la jeunesse, ce fragile printemps qui nous traverse, nous porte et nous quitte si vite. (À cette évocation, Giulietta baisse la tête et contemple un instant ses mains.) Et une interrogation sur la destinée. Personne n'a jamais écrit rien de tel.

— Je te remercie, *my Sweet.* Je m'interroge encore, je ne sais pas si c'est une pièce sur le destin ou le libre arbitre ! En tous les cas, les Hommes du Lord Chambellan ont semblé intéressés. Il serait question de la jouer au *Curtain*…

— Oh, tu l'as déjà vendue ?

— L'intermédiaire est au courant. Je la lui ferai porter dans quelques jours. Ensuite, comme pour les précédentes, la pièce sera face à sa destinée.

— Accaparée par cet énergumène ! lance-t-elle.

Il hausse les épaules.

— Tu sais qu'il n'y a pas d'autre solution. J'ai le devoir de m'en désintéresser. Dieu me le commande, c'est le prix à payer. Peut-être pourrai-je en faire une lecture secrète à Sir Robert. Je sais qu'il ne dira rien. Mais suffit, lis-moi ton sonnet !

Giulietta soupire, résignée, et se lève. Elle extrait une feuille pliée en quatre de son corselet et la déplie. Elle jette un regard à son frère, puis se met à lire à voix haute.

Eyes, can ye not refraine your hourely weeping ?
Mes yeux, ne pouvez-vous retenir vos sanglots constants ?
Mes oreilles, comment vous a t on privées de douces attentions ?
Mes pensées, avez-vous donc perdu votre sommeil patient ?
Mon esprit, qui t'a dérobé tes précieuses inventions ?
(Sonnet V.X)

Florio l'écoute sans l'interrompre. Puis, le sonnet achevé, il s'avance et prend sa sœur dans ses bras. Il lui murmure quelque chose à l'oreille. Elle rit, puis rosit et s'évente rapidement de la main comme pour chasser trop d'émotion. Puis elle s'écarte de lui, lisse son corselet et sa jupe, tire sur ses manches, rajuste sa collerette et sa coiffure.

— Je vais aller lire un peu, avant *breakfast*, fait-elle, comme pour mettre de l'ordre dans ses pensées.

— Je t'y rejoins tout à l'heure.

Elle lui envoie un regard tendre et sort de la pièce.

28.

Storia di Giovanni Florio

Lorsque les Londoniens veulent s'amuser, ils fréquentent les Spring Gardens, attenants au parc royal de St. James Palace, près de Charing Cross, ou Moorfields, au nord, derrière les murs de la City. Le Tout-Londres s'y rend pour s'y montrer en beaux atours, quelquefois se baigner dans l'étang ou s'exercer au tir à l'arc. Parfois on s'esclaffe d'y croiser un *Popinjay*, un dandy habillé de façon trop voyante. Des groupes se réunissent pour chanter des *rounds*, des canons.

Le peuple, lui, se rend plutôt à Wapping ou Shadwell où l'on trouve des pistes de jeux de quilles et des combats de coqs. Mais l'endroit de la ville où se regroupent le plus de lieux de plaisir est la rive sud de la Tamise, Bankside, à Southwark, où sont les arènes de combats d'ours ou de taureaux. Au *Bear Baiting* ou au *Bull Baiting*, on lâche des chiens mastiffs sur les puissantes bêtes attachées, et les spectateurs se délectent de les voir combattre bravement et se défendre avant de se faire déchiqueter par les molosses ou d'envoyer ces derniers à la mort. Certains ours deviennent des sommités. Ainsi Sackerson, un ours célèbre pour sa bravoure, apparaît dans *Les Joyeuses Commères de Windsor*. Dans *La Nuit des rois*, un noble regrette de dépenser tout son argent en escrime, danse et combats d'ours. On y amène les femmes et bien sûr les enfants.

À Southwark, non loin de la cathédrale, sont aussi les innombrables tavernes qui proposent de l'*ale* ou de la bière – une nouveauté –, de la musique et des danses, et les maisons de mauvaise réputation. On y vient depuis la rive nord, en *wherry*, une barge légère conduite par un *waterman*, traversant la Tamise pour un *penny*.

On donne encore parfois des représentations de pièces de théâtre dans les cours des auberges, celles qui ont des galeries, comme au *Bull*, à Bishopsgate, aux *Cross Keys*, dans Gracechurch Street, ou à *The Belle Savage's Inn*, sur la colline de Ludgate. Mais à la fin des années 1580 et au début des années 1590, apparaissent à Londres un aréopage de jeunes dramaturges de grand talent. C'est à cette époque que sont construits les premiers théâtres, tout d'abord *The Red Lion* à Whitechapel, puis *The Theater* et *The Curtain*, à Shoreditch, sur la rive nord de la Tamise, au-dessus de la City. C'est là que Shakespeare créera *Roméo et Juliette, La Mégère apprivoisée* et *Henri V*. Puis il y eut *The Rose*, et *The Swan*, à Bankside. Plus tard, lorsqu'il y eut des disputes au sujet du bail du terrain, la troupe du *Theater* démonta de nuit l'édifice et, traversant la Tamise en barge, transporta le bois de construction jusque sur la rive sud. Elle reconstruisit ce qui allait devenir le fameux *Globe*.

Le fait d'avoir un endroit à eux, une maison permanente, permet aux acteurs d'investir dans des décors et de les stocker, de se procurer une garde-robe de costumes, des instruments de musique, et d'acheter des textes à leurs auteurs. Ils se garantissent ainsi un répertoire de bonnes pièces et sont à même d'attirer un plus large public.

Au *Swan*, la troupe possède un escalier, un balcon, deux lanternes, un toit et deux clochers, un arbre porteur de pommes d'or, les décors des rives de la Tamise, une barque, un lit à baldaquin, un lavoir, un arc-en-ciel, ainsi que des armures. Pour annoncer les programmes, on distribue des papiers imprimés dans les rues. Les représentations sont interdites en certaines occasions, le dimanche et pendant le Carême, ainsi que lors des épidémies de peste, hélas ! fréquentes. Les salles de spectacle sont indéniablement des lieux de grande promiscuité et de propagation des maladies, mais la reine aime tant le théâtre qu'il est hors de question de fermer ces établissements.

Christopher Marlowe, l'enfant terrible du théâtre, l'homosexuel mauvais garçon, l'anti-religieux, le peut-être espion, diplômé de Corpus Christi à Cambridge et mort de mort violente à vingt-neuf ans, connaît un immense succès avec sa pièce *Tamburlaine*, puis avec son *Juif de Malte*, jouées par la troupe du Lord Amiral, les *Lord Admiral's Men*. Thomas Kyd, qui n'a pas suivi, lui, d'enseignement supérieur, a fait jouer sa

Tragédie espagnole avec succès. Thomas Lodge, diplômé d'Oxford, fils du Lord Mayor de Londres, a fait jouer *Les Blessures de la Guerre civile* également par la troupe de l'Amiral. George Peele, fils d'un marchand de sel, a présenté *The Arraignement of Pâris, Le Procès de Pâris*, à la reine. Thomas Watson, ami de Marlowe et ancien étudiant à Oxford, écrit des vers latins, c'est un excellent tragédien. Il a, hélas ! été mêlé à un meurtre en défendant son ami près du *Theater*. Thomas Nashe, qui peut écrire « gentleman » devant son nom grâce à son diplôme de Cambridge, aime écrire des satires anti-puritaines assez obscures à ses risques et périls. Il déteste les prétentieux, les « upstarts », qui ne sont allés qu'à l'école primaire et qui ont l'audace d'écrire des pièces en vers blancs pour la scène. Tel Thomas Kyd ou peut-être aussi, comme cet homme de Stratford-upon-Avon, un certain William Shakspeare, sans « e », producteur de spectacles et acteur, homme d'affaires avisé, le fils d'un gantier de province, qui n'a fréquenté que la *Grammar School*, et dont toute la famille est analphabète.

Il y a aussi Robert Greene, un extraordinaire personnage, premier auteur célèbre d'Angleterre. Figure du monde des Lettres élisabéthaines, dramaturge et pamphlétaire, il est né de parents pauvres à Norwich. Il obtient une bourse et étudie à Cambridge, puis à Oxford. Marié et devenu père, il abandonne femme et enfant sans vergogne et s'installe à Londres où il pratique une autodestruction systématique et créative, passant son temps dans les tavernes, s'enivrant, pratiquant la gloutonnerie, trompant amis et ennemis. Il réussit à vendre ses mêmes pièces à deux compagnies différentes, celle des *Queen's Men* et celle des *Admiral's Men*. Ce géant roux, à la bedaine énorme, au tempérament volcanique, hante Bankside où il déclame ses vers, entouré de ses compagnons de théâtre ou de beuverie, faisant sans vergogne sa propre publicité. Il se met en ménage avec la sœur d'un escroc local. Il éructe et vitupère avec génie, s'en prenant à la société, aux pleutres, aux soumis. Ami de la racaille, ce Narcisse indiscipliné et charmeur fait l'admiration de ses contemporains, même si personne ne comprend pourquoi il gâche son immense talent. Il écrit des romances et des poèmes, puis des histoires de bas-fonds manifestement autobiographiques et des pamphlets « repentants » assez médiocres. Il appartient aux *University Wits*, un groupe de dramaturges qui ont fréquenté Oxford ou Cambridge. On lui attribuera certaines pièces de Shakespeare, *Titus Andronicus* et *Henri VI*. En 1592, à la suite d'un dîner excessif de harengs et de vin *Rhenish* avec son camarade Thomas Nashe, il s'écroule. Recueilli par un couple compatissant, un cordonnier et sa femme, il est soigné dans leur humble demeure jusqu'à sa mort. Quelques heures avant de trépasser, il exige que l'on envoie une lettre à sa pauvre femme afin qu'elle les dédommage des soins qu'ils lui ont prodigués. Puis il leur demande de faire poser une couronne de laurier sur sa tête, comme on le faisait aux aèdes et aux héros antiques, et leur fournit une épitaphe qu'il a lui-même rédigée :

« Voyez ici une tête indomptée, une cervelle folle, et mille ruses et fantaisies excentriques, un érudit, un discoureur, un homme de cour, un ruffian, un joueur, un amant, un soldat, un voyageur, un marchand, un courtier, un homme de stratagèmes, un raté, un chicaneur, un acteur, un escroc, un railleur, un mendiant, un assemblage de miscellanées, un joyeux rien-du-tout, un fatras de choses encombrantes et chauves qui ne méritent pas qu'on les lise ; un auteur dérisoire et sans valeur pour les coquins et les idiots ; l'image même de l'oisiveté ; la quintessence des chimères ; un pur miroir de la vanité. »

Il meurt à trente-deux ans.

Si l'on veut se faire une idée encore plus juste de Robert Greene, il suffit d'ouvrir *Henri IV* de Shakespeare. On l'y retrouve sous les traits de Falstaff, déployant tout son extraordinaire talent, tantôt tendre, tantôt hypocrite, plein de rouerie et souvent pathétique face au Prince Hal, son bien-aimé compagnon de mauvaise vie qui le répudie avec cruauté le jour où il accède au trône et devient Henri V. Tout l'homme est là et il est quasi certain que Greene a servi de modèle au dramaturge qui en a fait un personnage cardinal et poignant de la littérature et du théâtre.

Mais à peine Robert Greene est-il mort, que l'éditeur et écrivain Henry Chettle fait paraître un pamphlet féroce soi-disant de sa main : *Greene's Groatsworth of Wit*. Ce texte, que l'on peut traduire littéralement par « Pour un sou d'esprit par Greene » – un *groat* étant une petite pièce d'argent de quatre pennies –, est célèbre encore aujourd'hui pour avoir traité Marlowe d'athée et s'être moqué d'un certain Shakespeare.

Le pamphlétaire – on a dit que Thomas Nashe s'en était peut-être aussi mêlé – met en garde ses collègues dramaturges, leur enjoignant de se méfier de certains acteurs, des marionnettes prétentieuses qui s'approprient leurs textes et parlent par leur bouche. Voyez plutôt :

« Car il y a un prétentieux corbeau, embelli par nos plumes, qui avec son cœur de "Tigre caché sous une peau d'acteur", s'imagine qu'il est capable de déclamer un vers blanc aussi bien que les meilleurs d'entre vous. Et, se voyant comme un Johannes factotum (quelqu'un capable de tout faire), par sa vanité se considère comme le seul "Shake-scene" dans le pays. »

Le pamphlétaire vindicatif, quel qu'il soit, livre deux indices très importants dans ce court texte qui occupe et questionne les Shakespeariens depuis des décennies et embarrasse les Stratfordiens orthodoxes, ceux qui sont convaincus que William Shakespeare est l'homme de Stratford. Face à eux, les tenants d'une théorie alternative, ceux qui pensent que celui qui a écrit les pièces de Shakespeare serait un autre, un dramaturge tel que Ben Jonson, Thomas Nashe ou Samuel Daniel, ou un mystérieux aristocrate lettré.

D'une part, « le cœur de tigre caché sous la peau d'un acteur » est une référence on ne peut plus claire au vers d'*Henri VI*, IIIe partie, lorsque York s'écrie : « Ô Cœur de tigre caché sous la peau d'une femme », en s'adressant à Margaret d'Anjou, la « Louve de France », dans la scène 4 de la IIIe partie.

D'autre part, le sobriquet *Shake-scene*, « secoue-scène », fait évidemment référence à *Shake-speare*, « secoue-lance ». Précisons que le nom Shakespeare, Shakspere, Shakspeare, ou Shagsper, quelle que soit la manière dont il est orthographié à une époque où l'orthographe n'est pas encore fixée, était un nom couramment porté dans le comté du Warwickshire. Ainsi que le prénom William. Or, William Shakespeare est le prénom et le patronyme de l'homme né et élevé à Stratford dans le Warwickshire, qui est devenu producteur de spectacles, homme d'affaires, copropriétaire d'établissements de théâtre, courtier en pièces, propriétaire terrien, usurier et spéculateur agricole. Il se prétend en sus auteur des œuvres qu'il fait jouer dans son théâtre par sa troupe et avec lesquelles il récolte un formidable succès. Mais nous savons qu'il lui manque les qualités essentielles pour les écrire.

Le traiter de corbeau prétentieux qui s'habille des textes des autres et se les approprie, et de « Shake-scene », qui se propose, par ses seules prétendues qualités de dramaturge, de « secouer » la scène élisabéthaine, c'est le désigner clairement comme usurpateur.

Alors, la question est la suivante : tout le monde savait-il, dans le milieu littéraire, que William Shakspeare de Stratford n'était pas l'auteur de cette œuvre sublime ?

Et si oui, qui fut le véritable Shakespeare ?

29.

Londres.

Mes rêveries se poursuivent…

— Tu sais, le nom de la famille de notre défunte mère…

— Oui, *certo*, le nom de la *mamma* était Crollalanza.

Florio prend le bras de sa sœur afin de traverser, avec précaution, la rue boueuse de Hog Lane. Autour d'eux, des prés où paissent des animaux et, sur leur gauche, les moulins à vent de Finsbury Field qui tournent dans la brise agitée d'avril. Tous deux reviennent d'une représentation au *Curtain*, juste en dehors des murs de la ville, construit sur l'emplacement de l'ancien prieuré de Holywell. Ils s'y sont rendus en voiture à cheval mais ont désiré faire le chemin du retour à pied, pour le plaisir de goûter les prémices du printemps. Grace, fatiguée par une récente fluxion de poitrine, a préféré rester à la maison. La représentation, en extérieur, a été interrompue pendant quelques minutes par une violente averse. Le public s'est réfugié sous la galerie tandis qu'une vendeuse proposait des *pasties* à la viande et des oranges. Ce fut l'occasion pour Florio d'acheter un peu de tabac pour sa pipe. Puis la pièce a repris son cours.

— Que penses-tu de ce… glissement de sens et de ce jeu ? Entre les deux noms…

— C'est ingénieux. Et très drôle.

— *Crolla-lanza* : écroule-lance, et *Shake-spear*, secoue-lance…

— Voilà qui te ressemble bien, Giovanni *mio*. On dirait un de tes jeux de langage dans tes précieux *Fruits*.

— Le patronyme « Shakespeare » est courant. Je me suis renseigné.

— Est-ce que quelqu'un risque de remonter le fil secret jusqu'à toi ?

— Jusqu'à nous, tu veux dire. Non, je ne pense pas. Je fais très attention. L'intermédiaire m'a été recommandé par Ben Jonson. Il est sûr. C'est lui qui apporte les manuscrits à l'homme de Stratford.

— Il ne faudrait pas que ta place comme tuteur soit compromise. Ni ton statut de gentleman. Après tout, ces pièces sont un aspect important de notre vie, mais rien ne justifierait qu'elles causent notre ruine. Tu sais ce que Père en aurait pensé…

— Tu sais bien que rien de ce que je fais n'est libre de sa mémoire. Il est constamment avec moi. N'aie crainte, à part Ben et Sir Henry, personne n'est au courant. Plus tard, à partir du moment où ces pièces seront publiées sous le nom de l'autre, il n'y aura pas le moindre danger. Personne n'en saura rien.

Giulietta serre le bras de son frère et lui sourit. Ils ont atteint Chiswell Street, puis descendent Little Moorfields et passent devant Finsbury Court. Les murs de la ville ne sont plus très loin. D'ailleurs la rue s'anime davantage. Des marchands acheminent des charrettes de tonneaux de bière et de sacs de farine, ou mènent des volailles dans des cages vers les tavernes. Des étudiants en droit des *Inns of Court* se pressent de rejoindre la City et les tavernes, où les attendent leurs camarades pour boire et danser. Ils dépassent un troupeau de vaches que l'on mène d'un champ à un autre. Le vent se lève, Giulietta resserre autour de son cou le col en fourrure de son grand manteau. Elle contourne une grosse flaque luisante.

— C'est toujours pour moi la source d'un grand étonnement, dit-elle, songeuse, que ce nouveau théâtre, que nous affectionnons tant, soit joué si près des choses les plus triviales. Comme s'il prenait littéralement sa source dans la boue et le purin !

— *Right you are !* C'est là sa double nature. C'est aussi la nôtre. J'ai bien peur que ce soit ainsi que Dieu nous a voulus. Nés dans la crotte et capables de génie. *Chi nasce nello sterco, tocca già il paradiso !*

— Tu les inventes !

Ils rient.

— À propos de génie, je te le redis, ce Richard Burbage que nous avons vu au *Theater* l'autre jour dans ton *Roméo* est prodigieux. Tout de lui m'enchante, sa voix, sa prestance, son art de rendre visibles les choses subtiles de l'âme... Je le voudrais presque pour mari !

— Ha ! je te le déconseille ! C'est un grand homme et un grand acteur. Mais il reste un saltimbanque qui, s'il n'était protégé par son mécène, Lord Chamberlain, serait fouetté pour vagabondage et mis au pilori. Tu ne veux pas d'un mari à la merci du sheriff ! Un époux se doit d'avoir au moins autant de respectabilité que, disons... un vendeur de fromages ? (Il s'esclaffe.) Tu vaux mieux que cela, *my Sweet* !

— Tout de même, il me plaît ! fait-elle en rosissant. Mais tu sais très bien que je ne me marierai pas.

Florio la regarde tendrement, et ne répond rien. L'esprit des femmes, surtout des femmes extraordinaires, brillantes comme sa sœur, est difficile à percer. Un autre des nombreux mystères divins, sûrement.

Ils arrivent à l'octroi de Moorgate qui leur permet de passer les murs de la City. Puis ils s'engagent dans Coleman Street et, après Lothbury, descendent Old Jewry. La rue de la Vieille Juiverie est désertée, vidée de ses Juifs depuis qu'ils ont été tous chassés du royaume d'Angleterre en 1290 par le roi Édouard Ier. Le frère et la sœur se regardent sans rien dire. La seule pensée de cette absence de plus de trois cents ans est glaçante. Il leur vient comme le sentiment étrange d'être, malgré leur baptême, des sortes de passagers clandestins.

— Je t'ai parlé, je crois, de cette pièce que j'aimerais que nous fassions sur un Juif ?

— Celle qui se passerait à Venise ?

— Celle-là même. Il faudrait que nous nous y mettions dès après Pâques.

— Les choses que tu m'en as dites ont fait un peu de chemin dans mon esprit. Il m'est venu quelques notions, quelques idées.

— Je suis impatient de les entendre. Note-les, surtout, n'en perds pas une seule. Nous en reparlerons.

Ils débouchent sur Cheapside, entre les étals de bois. Ils passent devant les orfèvres, les bijoutiers et les prêteurs sur gage, et la grande fontaine de pierre où des femmes font la queue avec leurs seaux. Ils dépassent les élégantes maisons et la grande croix. Ils ne sont plus loin de Saint Paul.

— Et tes sonnets ? demande Giulietta.

— Ils me procurent beaucoup de joie. Je pense qu'ils plairont à Sir Henry. Je te l'ai dit ? Le pauvre, à peine est-il diplômé d'Oxford et encore étudiant à Gray's Inn, qu'on le pousse à se marier. Son tuteur, Lord Burghley…

— C'est le Lord Trésorier de la reine ?

— *Very much so.* Comme Sir Henry est orphelin de père, et que sa mère a été bannie, Lord Burghley prend à cœur ses meilleurs intérêts. Il lui a proposé la main de sa propre nièce. Mais Sir Henry, que Dieu l'ait en sa Sainte Garde, n'a besoin d'aucun mariage, il est riche à millions. Il a de ce fait refusé. C'est un jeune homme si gracieux, si intelligent, si sensible et si plein de fantaisie ! Il est fou de théâtre et écrit des vers merveilleux qu'il lit à ses amis. Et j'ai le privilège de compter parmi eux.

Ils contournent la cathédrale et ses *stationers*, à la porte Nord. Florio et Giulietta étudient les étals de livres de la librairie *The Gun*, s'arrêtent un moment pour en feuilleter un ou deux, puis reprennent leur marche et le fil de leur conversation.

— Oui, les sonnets. J'ai donc commis quelques vers en pensant à Sir Henry. Je crois qu'ils ne sont pas trop mauvais. Écoute :

Shall I compare thee to a summer's day ?
Te comparerai-je à un beau jour d'été ?... (Sonnet 18)

30.

Récit de Benjamin

J'avais corrigé des copies pendant plusieurs heures et, la tête proprement assiégée par la fatigue, j'étais allé m'étendre sur la méridienne en compagnie d'un ouvrage de poésie. Mon livre ouvert à côté de moi, j'avais fini par m'endormir. Réveillé en sursaut par des bruits dans l'escalier, j'ai pris congé, à contrecœur, de ma rêverie. J'ai entrouvert la fenêtre du salon et laissé l'air de l'hiver pénétrer dans la pièce en un tourbillon de frimas. Devais-je chasser ces fantaisies bizarres qui m'accaparaient l'esprit ? En frissonnant, je suis allé me préparer une tasse de café très fort.

Puis j'ai appelé Andrea. Je lui ai proposé de venir dîner afin que nous continuions à lire notre Scopritori. J'avais envie de savoir, en fin de compte, où ce texte allait nous mener.

Tout en évoquant ses problèmes à l'université, Andrea nous a préparé un risotto aux champignons. Je l'observais mélanger délicatement le riz et le bouillon, puis recommencer, avec une patience infinie et une bienheureuse soumission aux exigences de la recette. Je le voyais, armé de sa cuillère en bois, remuer ensemble les difficultés et les frustrations inhérentes à la faculté. Bienvenue au club, me suis-je dit.

Le risotto fut délicieux.

Après le dîner nous nous sommes assis sur le canapé avec une boîte de chocolats. Andrea a ouvert le livre et, la bouche pleine, il s'est à nouveau lancé dans la lecture et la traduction simultanée.

Storia di Giovanni Florio

De ces jeunes *University Wits*, ces jeunes dramaturges brillants issus de l'université, il n'en est resté que peu après 1593. Ils ont tous été fauchés en pleine jeunesse. Après Robert Greene, c'est Thomas Watson qui est mort à trente-cinq ans. Puis Christopher Marlowe, avant ses trente ans, dans une bagarre malheureuse. George Peele est décédé d'une affreuse maladie, sans doute la syphilis, en 1596. Thomas Nashe, lui, mourra en 1601. Thomas Lodge abandonne le théâtre et se fait médecin. C'est presque l'entièreté du jeune et vigoureux théâtre élisabéthain qui est touché. Seul le grand Ben Jonson, ami et rival du « Barde », vivra jusqu'en 1637. Dès le milieu des années 1590, il ne reste pratiquement plus que celui qui se fait appeler William Shakespeare. Il a déjà écrit les trois parties de *Henri VI*,

La Mégère apprivoisée, Les Deux Gentilshommes de Vérone, Titus Andronicus, Richard III, La Comédie des erreurs, Peines d'amour perdues, Roméo et Juliette, Le Songe d'une nuit d'été. Sa carrière est prodigieuse. Son talent inégalé. L'homme de Stratford, avec son théâtre et sa compagnie, les *Lord Chamberlain's Men*, profite de son succès.

Shakespeare, nous dit-on, noue une amitié particulière avec le jeune Henry Wriothesley (1573-1624), troisième comte de Southampton. Il lui dédie ses poèmes narratifs *Vénus et Adonis* et *Le Viol de Lucrèce.*

Sur le portrait qu'a peint de lui John de Critz, Henry apparaît dans la grâce de son adolescence, dans un vêtement noir aux col et poignets de dentelle incroyablement fine. Son visage long et délicat le ferait aisément passer pour une fille. Le front est très haut, les cheveux longs et auburn ramenés sur un côté. Il a une bouche petite et incarnat, bien dessinée, une boucle d'oreille composée d'un ruban noir et d'un rubis. Il possède le regard de celui qui sait des choses, et malgré cela, un visage de madone. Une main d'une fragilité extrême, aux ongles ovales. La manière de la peinture est si délicate, la peau du sujet si diaphane, qu'on aperçoit une veine bleutée courir et palpiter sur sa tempe.

Sur un autre portrait peint par Nicholas Hilliard, le jeune homme de vingt ans a toujours son visage ovale, son front haut, ses yeux pâles mais perçants, les longs cheveux ondulés, qui faisaient sa réputation, tombant sur une de ses épaules. Un col de fine dentelle plat et ouvragé sur un pourpoint sombre. Un air d'être sûr de soi et de sa destinée.

Un troisième portrait de 1603 peint sans doute aussi par John de Critz à la Tour de Londres, le montre plus âgé, toujours ses longs cheveux encadrant son visage fin. Il a une mince moustache et arbore un air de défi. Bien qu'emprisonné, il porte beau, un col de dentelle et des gants sombres aux poignets ornés de rubans blancs. Derrière lui, devant la fenêtre aux carreaux en losanges, un livre et un chat noir et blanc. En haut à droite, dans le fond, un petit tableau de la Tour elle-même, au-dessus d'une maxime en latin : *In vinculis invictus*, autrement dit « Enchaîné et invaincu ».

Un peu de biographie. Orphelin de père, le jeune Henry va vivre chez Lord Burghley à Cecil House, sur le Strand. Il fait ses études à Oxford puis son droit à Gray's Inn. Très vite il est admis à la cour et passe du temps auprès de la reine. Lorsque « Shakespeare » lui dédie *Le Viol de Lucrèce*, en 1594, Henry a vingt et un ans. Voici ce que le dramaturge écrit :

« L'affection que je dédie à votre Seigneurie n'a pas de fin. Ce que j'ai fait vous appartient. Ce que j'ai à faire est à vous. »

Florio, quant à lui, qui fut pendant quelques années employé par Southampton pour lui apprendre l'italien, le complimente, lui disant qu'il est devenu si accompli dans la langue de Dante qu'il n'a nul besoin de voyager en Italie pour en parfaire la maîtrise.

L'époque semble avoir beaucoup aimé le jeune et beau comte et être tombée sous son charme. Ils sont plusieurs à lui avoir dédié des œuvres. On a glosé sur le fait que les premiers sonnets de « Shakespeare » évoquaient la personnalité du jeune homme, et non celle d'une femme. Qu'ils avaient été écrits pour un homme. Et qu'ils étaient, sans aucun doute, des sonnets d'amour.

Quel est le secret qui entoure ces sonnets ? Qui les a écrits ? Est-ce que ce pourrait être John Florio ? Florio était-il amoureux du jeune et beau Henry ? De sa joliesse, de sa noblesse, de son esprit, de son pouvoir, de tout ce que ces qualités suggéraient de beauté et de grâce ?

Les experts ont l'habitude de diviser les sonnets en deux parties. La première consacrée à un amour platonique, peut-être pour le jeune comte, la deuxième à une femme mystérieuse, la *Dark Lady*, au sujet de laquelle on glose depuis des siècles. On a pensé qu'Emilia Lanier, poétesse d'origine italienne, liée à la cour, aux cheveux noirs et au teint mat, aurait pu en être l'inspiratrice, la dédicataire. C'était une poétesse féministe avant l'heure qui fut éduquée chez la comtesse de Kent, et devint la maîtresse de Lord Hunsdon, le Lord Chambellan de la reine. Il est intéressant de noter qu'elle était d'ascendance vénitienne. Et juive. Aurait-elle pu être la muse de Florio ? Qui peut le savoir ?

My mistress's eyes are raven black
Noir corbeau sont les yeux de mon amante
La couleur leur sied, ils semblent les endeuillés

De celles qui ne furent pas nées blondes,
Mais ne manquant pourtant de beauté
Insultent la création par leur fausse apparence. (Sonnet 127)

L'époque, dans son exigence de conformité et d'obéissance, commande d'avoir un maître, un patron, un mécène, afin de n'être pas accusé d'oisiveté, de vagabondage. Le vagabond est un homme dangereux, il n'obéit à aucun maître, il se soustrait aux conventions, il jouit d'une liberté pernicieuse. Comment contrôler qu'il pratique le bon culte, la bonne foi ? En a-t-il seulement une ? Comment savoir s'il ne va pas répandre des idées politiques dangereuses, fomenter des révoltes, assassiner ?

Les acteurs, aussi doués soient-ils, aussi appréciés par la reine elle-même et toute la cour, sont des gens de peu, des saltimbanques fragiles souvent sur les routes, louches, méprisables. Une allusion, un mot de travers, car l'époque est friande de satires et moqueries, peut les envoyer au pilori ou au gibet. Seul un mécène peut leur assurer une protection, leur garantissant une existence officielle, dans les limites de la loi. Ce rapport de l'aristocrate à ses comédiens à qui il prête son nom est ambigu et étrange. Ils sont ses amuseurs officiels et personnels, reconnaissants, loyaux, et pour toujours ses débiteurs. Ils se rendent chez lui pour des représentations privées. Ils lui dédient leurs représentations, mais ils restent peu de chose, quand bien même des textes aussi foudroyants que ceux de « William Shakespeare » sortent de leurs bouches, portés par un art et un talent remarquables.

Tout comme les acteurs, le poète, l'écrivain, le dramaturge se doit de se recommander d'un plus grand que lui, auquel il adresse avec enthousiasme et flamme son recueil ou son volume, lui promettant affection (*love*) et fidélité absolue. Il espère ce faisant qu'un peu de la grandeur de son mécène déteindra sur lui et lui conférera une aura de noblesse. À ce jeu indispensable pour les auteurs, tout se mêle, admiration et soumission, amour et dépendance, allégeance et nécessité. L'aristocrate, souvent lettré et versé dans le grec et le latin, lui-même grand amateur de culture italienne, souvent lui aussi poète, parfois excellent, se contentant de faire circuler ses vers dans les salons, est l'objet d'une adoration sans limite. Sa noblesse est d'emblée un signe d'élection, son esprit la grâce même, ses goûts hautement admirables et il est profitable de chanter ses louanges et précieux d'être vu en sa compagnie.

Florio ne s'y trompe pas, qui a besoin pour exister de la protection de tels personnages. Son père Michelangelo avait, avant lui, initié ces relations d'intérêts et d'affinités, d'inféodation et d'admiration mutuelles. Car les princes sont aussi demandeurs de ces fins esprits qui souvent sont leurs précepteurs et les éduquent, leur enseignent le monde, les conseillent, continuent d'échanger avec eux leur vie durant dans des sphères éloignées du vulgum, renforçant ainsi leur supériorité sur le commun, les rendant polyglottes, poètes, musiciens, hommes et femmes du monde, et parfois d'État. Florio dédie son dictionnaire Anglais-Italien *A World of Words*, *Un monde de mots*, au « très honorable comte de Southampton, sous le patronage et la générosité de qui j'ai vécu un nombre d'années ».

Toute sa vie, Florio a dû se rapprocher du pouvoir, le côtoyer, tout en sachant conserver la bonne distance. C'est à ce prix qu'il put être un gentilhomme, qualité indispensable, sinon il n'eût rien été d'autre qu'un réfugié, un exilé, un homme sans attaches. Pour une critique trop franche, une satire maladroite, une audace suscitant un malentendu, il aurait pu se retrouver torturé et pendu.

Et si œuvre théâtrale il y eut, si monumentale fût-elle, elle dut rester secrète, anonyme, afin de ne pas faire de lui un saltimbanque indigne et honteux.

31.

Récit de Benjamin

Rêverie.

Malgré le cours inexorable des jours, en dépit de mes conférences et de mes réunions pédagogiques, de mes entretiens avec mes élèves et de mes directions de travaux, je n'avais cessé de penser à Juliet. À son esprit, à sa beauté et à son absence. *L'amour est un esprit familier. L'amour est un diable. Il n'y a pas de mauvais ange autre que l'amour.* (*Peines d'amour perdues.*) Pauvre idiot que j'étais.

De retour à la maison, je m'asseyais à mon bureau et gribouillais dans un carnet quelques idées de textes à venir, ou de poèmes. Je n'étais pas encore fixé. Puis, incapable de me concentrer véritablement, je m'interrompais et levais la tête vers la fenêtre. À force de fixer le ciel par-dessus les toits, ses nuées grises et changeantes, de tenter d'apercevoir pendant des minutes entières le vol rapide et discret de quelques mésanges bleues qui logeaient dans un platane en bas de chez moi, je m'égarais.

Giulietta m'apparaît.

Elle sort de la maison de Shoe Lane. Elle a laissé ses consignes à Nellie et demandé à Grace si elle avait besoin de quelque chose. L'épouse de son frère a répondu par la négative, tout occupée par l'organisation du menu de Pâques. C'est un matin frais et venteux, plein de bourrasques hardies venues de la Tamise. Le soleil s'amuse à poursuivre les nuages parmi les arbres et les clochers, comme autant de jeunes filles sages qui s'abandonnent soudain au jeu, pense-t-elle. Bien qu'elle ne soit pas mariée, elle a mis son haut chapeau de velours noir avec la plume de paon bleu et vert, et son chaud manteau de laine. Elle se dirige vers Saint Paul et sa tour carrée, qui sont un éternel et rassurant repère dans la ville.

Elle veut se rendre à Cheapside chez Mrs. Whittard, la vendeuse de frivolités. Elle aimerait s'acheter une nouvelle bourse, une ceinture, et peut-être des jarretières.

Elle remonte Fleet Street d'un pas vif, traverse la Fleet River par le pont, remonte la colline de Ludgate. Elle croise nombre de marchands avec leur charrette. Elle passe la porte de la City. Un *Tom*, un pauvre fou à la tête branlante, relâché par les rues par l'hôpital de Bethlehem, l'aborde, il veut lui dire que la fin des temps approche, il éructe, la bouche de travers, en se tordant les mains de désespoir, elle lui jette un regard compatissant, lui sourit, lui glisse un *groat*, le laisse lui toucher la main, à peine. *Ne crains rien*, lui dit-elle tout haut, *car je suis avec toi. Ne promène pas des regards inquiets, car je suis ton Dieu. Je te fortifie, je viens à ton secours. Je te soutiens de ma droite triomphante,* Ésaïe… Puis elle le salue et continue son chemin, remonte Paternoster Row où sont les libraires. Elle s'arrêtera au retour. Entre Bread Street et Friday Street, en face de l'immense croix, apparaît la rangée des plus belles maisons de quatre étages, aux façades élégantes, comme dorées.

En face se trouve la boutique qu'elle cherche, à l'enseigne du Paon. Elle aime s'y rendre, contrairement à Grace qui préfère flâner au *Royal Exchange* et ses magasins élégants.

La clochette retentit lorsqu'elle pousse la porte basse. Mrs. Whittard, une petite veuve replète, la reconnaît, la salue, s'empresse auprès d'elle, la complimentant sur son chapeau dont la plume fait honneur à son magasin. Elles discutent du temps qu'il fait et de l'heureuse perspective de Pâques. Puis elle s'affaire à lui montrer ses nouveautés, certaines venues tout droit de France ou d'Italie. Giulietta admire un instant les rubans de couleur, les pantoufles de velours ouvragé aux reflets changeants, puis choisit une bourse de satin vert brodée d'un motif de plumes d'oiseau, une ceinture de soie bleue et des jarretières bleues, elles aussi. La vendeuse lui propose un mouchoir de batiste à moitié prix, et elle se laisse tenter.

Une fois sortie du magasin, peu après la croix, elle entre dans la boutique du gantier-parfumeur. Les effluves, puissants, lui tournent un instant la tête. Elle demande de l'eau de rose et des pochettes de lavande. Elle n'est pas tentée par l'ambre gris, dont l'odeur ressemble trop à celle du tabac, ou par le musc, trop capiteux à son goût. Puis elle traîne un moment à contempler les gants, certains brodés de perles ou de pierreries.

En redescendant Paternoster Row, elle s'arrête chez un *stationer*, un éditeur-libraire, et prend le temps d'étudier les livres à vendre. Elle est particulièrement intéressée par les poétesses. Elle avise un volume de poèmes d'Isabella Whitney, *A sweet nosegay, or pleasant posie, containing a hundred and ten philosophical flowers,* Un doux et agréable bouquet, contenant cent et dix fleurs philosophiques. Giulietta possède déjà un volume de ses poèmes, une lettre en vers d'une femme bien née à son amant inconstant. Tout le monde sait pourtant que la Whitney n'est pas de noble naissance, qu'elle a été une servante qui s'est éduquée et cultivée seule. Son talent n'en est que plus remarquable.

Le libraire lui suggère aussi un ouvrage d'Emilia Lanier, dédié à la reine. Cette poétesse hardie rejette l'infériorité des femmes par rapport aux hommes. Elle suggère même que les femmes, qui grâce à leurs qualités mystiques sont plus proches de Dieu, leur seraient supérieures. On dit que son père, Battista Bassano, musicien à la cour, était un Italien de Venise, possiblement juif. Giulietta sourit intérieurement et imagine que le vendeur ne s'est peut-être pas familiarisé avec le contenu de l'ouvrage qu'il lui propose. Elle l'achète pour deux *pennies*.

Les cloches de Saint Paul sonnent les onze heures. Il est temps de rentrer pour le dîner. Giovanni sera sans doute revenu du palais de Whitehall et ils pourront reprendre leur séance d'écriture dans l'après-midi. La pièce sur laquelle ils travaillent est prometteuse. Cédant à l'exaltation, elle emplit d'air ses poumons. Les vents humides l'enveloppent, la poussent légèrement dans la rue, lui fouettent le visage. Le soleil, de derrière les branches agitées, marbre les rues animées et bruyantes. Londres est décidément une cité enthousiasmante. Cette vie jumelle, secrète, toute dédiée à la poésie, certains jours, étrangement, lui convient.

32.

Londres.

Rêverie.

Florio tapote son fauteuil, installé devant le vaste bureau ouvragé et sombre, surchargé de feuilles et de livres. Il a pris pour lui le tabouret.

— Viens t'asseoir, *my Sweet.*

— J'ai demandé à Nellie de nous monter un peu d'*ale* et des gaufres qu'elle a achetées ce matin, toutes fraîches, à la marchande au panier.

Giulietta s'installe dans le fauteuil à haut dossier. Florio saisit une pomme *pippin*, jaune et vert, dans un plat italien et la tend à sa sœur. Puis il en prend une pour lui-même et mord dedans. L'acidité du fruit le fait grimacer de plaisir.

— Écoute, dit le frère en mastiquant, mon intermédiaire a conversé avec le coquin de Stratford et les Hommes du Lord Chambellan. Il semblerait que le succès du *Juif de Malte*, cette sacrée pièce de Marlowe, leur ait donné envie. Ils veulent leur pièce juive aussi, ils veulent leur Barabas !

— Il n'y a plus de Juifs dans ce pays depuis des siècles ! s'exclame la sœur. Les Anglais savent-ils seulement encore ce qu'est un Juif ?

— Non, ils ont disparu dans les brumes de leur conscience. Leur mauvaise conscience…

— Tout cet engouement pour la pièce de Marlowe vient de cet affreux procès. Ce pauvre Roderigo Lopez, comme ils l'ont fait souffrir ! Un homme de science et de savoir, un Juif converti, si proche de la reine. Son médecin attitré ! Ils l'ont traîné jusqu'à Tyburn et…

— Oui, je sais, et ils l'ont saigné comme un animal. Voilà donc les hommes les plus civilisés. Ceux qui craignent Dieu le plus…

— Si Père était parmi nous, il dirait qu'un tel déchaînement de cruauté bafoue les enseignements mêmes du Christ. Comment peuvent-ils feindre d'avoir oublié ? Ce prophète, ce Dieu qui aurait pu être tout pour nos deux religions…

Giulietta repose sa pomme à peine entamée sur le bord du plat. Elle est comme en transe, elle n'a plus faim.

— Ne leur donnons pas cette pièce juive qu'ils veulent ! ajoute-t-elle, farouche.

Une minute passe. Puis la servante frappe à la porte et apporte une cruche d'*ale* et deux gobelets en terre cuite, ainsi qu'une assiette de gaufres plates. Florio attend qu'elle ait quitté le bureau.

— Oh, je sais ce que tu veux dire, ô combien, crois-moi. Mais au contraire, il faut la leur donner ! Ils veulent leur mauvais Juif, je vais le leur fournir ! Nous allons, toi et moi, inventer le Juif le plus terrible, le plus splendide, le plus fier, le plus implacable, le plus humain que la Terre ait porté. Tu verras.

Giulietta reste songeuse, les yeux dans le lointain, absente. Elle se ressaisit, change finalement de sentiment.

— Peut-être as-tu raison.

— Il nous faut imaginer le Juif le plus dérangeant, le plus lucide, le plus grand ! Le public ne saura s'il l'aime ou s'il le déteste ! Écoute :

S'il vous plait de dîner avec nous, lui dit un Vénitien…

À quoi le Juif répond :

Oui, respirer les effluves de porc, manger dans la maison dans laquelle votre Nazaréen a invité le diable ! J'achèterai avec vous, je vendrai avec vous, je parlerai avec vous. Mais je ne mangerai pas avec vous, ni ne boirai ni ne prierai avec vous ! (Acte I, scène 3)

Giulietta tourne son regard vers son frère. Elle est troublée. Elle fronce les sourcils et se concentre un instant.

— Oui, je l'entends ! Écoute toi aussi, dit-elle. Lorsque le Vénitien veut lui emprunter de l'argent, voici ce qu'il répond :

« Vous me dites mécréant, chien coupeur de gorge, et vous crachez sur mon manteau de Juif, eh bien on dirait à présent que vous avez besoin de moi… Vous qui avez vidé vos humeurs sur ma barbe et qui m'avez foulé aux pieds tandis que vous me repoussiez comme un chien d'étranger sur votre seuil : l'argent est donc à présent votre requête. Que devrais-je dire ? Ne devrais-je pas dire : Est-ce qu'un chien a seulement de l'argent ? Est-il possible qu'un sale chien prête trois mille ducats ? »
(Acte I, scène 3)

— Oh, c'est magnifique et parfait, *my Sweet* ! Nous le ferons pour Père, dit Florio. Et nous adresserons à Sa Majesté elle-même une recommandation de clémence.

— On m'a dit que la reine n'avait jamais été convaincue de la culpabilité du médecin portugais, ce Lopez. Qu'elle avait refusé, jusqu'à la fin, de le sacrifier. Qu'elle l'aimait, qu'elle avait confiance en lui. Elle le connaissait, excellent homme et père de famille…

— C'est pour plaire à Essex, fit Florio. Ce sont les manières des puissants, et en cela, crois-moi, ils nous dépassent en tout.

— Tu dis juste. Et la foule a été poussée par cette terrible pièce de Marlowe. Dirais-tu que cette œuvre a servi de propagande pour amener le public à des sentiments haineux envers Lopez ?

— Non, Christopher Marlowe l'a écrite il y a plusieurs années déjà. Mais cette affaire du médecin converti et de sa mort a fait sa fortune, indéniablement !

Giulietta se saisit du pichet et verse à chacun un peu d'*ale*. Puis elle tend l'assiette de gaufres à Florio. Ils se désaltèrent et mâchonnent les oublies en silence, quelques instants.

— Giovanni, te souviens-tu de cette *novella* de Ser Giovanni Fiorentino, écrite il y a deux cents ans ? *Il Pecorone*. Elle était dans la bibliothèque de Père. Il n'en existe pas de traduction en anglais à ce jour ! Il y a là une intrigue que nous pourrions utiliser...

— Tu as raison, je m'en souviens. Et notre Juif s'appellera... Shallach... non, Shillocke... Non, attends, Shylock ! Je le vois déjà tout vivant dans mon esprit ! Et il y aura le personnage d'une femme de tête comme toi, *my Sweet*.

— Je me la représente déjà qui s'appelle... Portia ! Elle est une dame, pédante et amoureuse ! Mais sincère, touchante ! Une redoutable argumenteuse. Une doctoresse de la Loi de Venise. Imaginons, on peut rêver, qu'elle ait étudié à l'école de loi de Padoue ! Venise est réputée pour sa République et l'excellence de ses lois.

— Nous pourrions y transposer le double système de justice de Sa Majesté, la loi des tribunaux et celle du *Lord Chancellor*, selon sa conscience. C'est une dualité puissante et un bon ressort dramatique.

— Et Portia sera le juge !

— *Very well, Portia it shall be !*

— Et l'intrigue restera à Venise, bien évidemment, l'incomparable Sérénissime. Tu te souviens que nous l'avons visitée avec Père, alors que nous étions enfants ?

Nous y avions été accueillis par une communauté de réformés. J'ai le souvenir d'un lieu à nul autre pareil. Je revois sa lumière… ses bals, ses masques…

— Venise, bien sûr, ce doit être Venise. Car il y a là-bas un quartier juif important. Mais il ne faut pas croire que les Juifs y sont aimés. Ils y sont tolérés et portent la rouelle jaune. Mais la ville est en beauté l'équivalent d'une Jérusalem terrestre ! La place, devant le palais du Doge, est le lieu le plus beau de toute la chrétienté ! Partout l'eau cernera les personnages. J'imagine notre Shylock allant par les ruelles, se hâtant sur les ponts, entouré d'eau, sans échappatoire. Les *argosies*, les galions attendant au port de lever l'ancre pour faire leur commerce de soieries et d'épices. Les naufrages et les fortunes en jeu dans ces aventures commerciales, gagnées et perdues, passionnent les Vénitiens.

— Il faudra évoquer le *San Matias* et le *San Andrés*, capturés à Cadix pour le compte du comte d'Essex !

— Oui, le public aime ces succès de pillage et les butins sonnants et trébuchants. Je vois bien ton adoré, Burbage, dans le rôle de Shylock ! Il pourra l'interpréter comme un seigneur, un descendant des Patriarches, mais aussi un grotesque, un tragique pitoyable, effrayant, malveillant, qui n'a pas son pareil pour la vengeance et la férocité. Les spectateurs, gentilshommes et gens du commun ne sauront pas comment le voir : humain, victime de préjugés et de haine, héraut d'une race blessée mais sublime, qui regarde ces Anglais, ces barbares avec leur langage d'enfant tout juste naissant, balbutiant, avec dédain. Ou l'implacable usurier, assoiffé de justice et de revanche ! Il parlera une langue étrange, décalée, mystérieuse...

— Oui, leur vision du Juif ne sera plus jamais la même ! Au fait, tu as lu ce que dit Thomas Coryate ? Il prétend que la vue, un jour, dans une synagogue, de tous ces hommes bons et emplis de dignité et de ces belles femmes, l'a touché, et qu'il a réfléchi que c'est une chose bien triste pour un chrétien de penser à l'état de damnation de ces pauvres et misérables Juifs...

— Les moutons perdus de la Maison d'Israël... On pourrait en rire. Mais le regard de Dieu n'est pas partisan, c'est ma croyance profonde, *my Sweet*. Et il reconnaît les siens parmi tous...

— Oh, Giovanni, nous allons leur écrire une pièce qu'ils ne comprendront pas ! Ils vont rire, se moquer, haïr, mais ils ne comprendront pas ! s'esclaffe Giulietta, reprenant des couleurs.

— Oui, il leur faudrait être toi et moi pour la comprendre. Pour saisir la noblesse et l'incomparable vérité de l'ancien Peuple de Dieu, le premier, le rédacteur du Livre, et le mépris imbécile dans lequel il est tenu.

Florio se lève, échauffé par la discussion, fait les cent pas dans le bureau, puis s'approche de sa sœur et l'attrape aux épaules. Ensuite il s'écarte d'elle et lance :

— Demandons à Nellie une bouteille de *Rhenish*, il convient de fêter dignement la naissance de notre Juif de Venise !

33.

Storia di Giovanni Florio

Mercredi des Cendres, 1585.

Il est tard et la nuit est déjà tombée lorsque trois hommes quittent l'ambassade de France, sise sur Butcher Row, pour se rendre au palais de Whitehall où Sir Fulke Greville a invité Giordano Bruno afin de converser avec lui. Le gentilhomme chevalier et poète est désireux de se faire expliquer les mouvements de la Terre et autres paradoxes avancés avec conviction par Bruno, enthousiaste et curieux à l'idée d'être éclairé sur les concepts de Copernic.

C'est Giovanni Florio lui-même et Matthew Gwinne, son ami médecin et poète, qui ont été dépêchés par Greville afin de convaincre le philosophe napolitain d'assister à ce banquet. N'ayant reçu aucune escorte, les trois hommes s'inquiètent quelque peu de devoir emprunter, la nuit venue, des ruelles sombres et possiblement dangereuses. Aussi, une fois arrivés sur le

Strand, ils décident de descendre Middle Temple Lane pour se retrouver sur le quai de la Tamise. Leur idée est d'y aller par l'eau. Pendant un bon moment, ils hèlent des bateliers, désespérant d'en trouver un seul. Finalement, un couple de nochers louches qui ressemblent, dans leur embarcation antique et hasardeuse, davantage à deux Charrons venus les emmener vers les Enfers qu'à d'honnêtes passeurs, se présentent. Ces derniers, après moult négociations et paiement d'avance de la somme exorbitante d'un shilling, acceptent de les conduire vers l'ouest, en direction de l'abbaye de Westminster, au-delà des splendides demeures seigneuriales qui bordent le fleuve, comme Arundel Place, Somerset House, Savoye Palace, Durham Place, York House, après Scotland Yard et jusqu'aux escaliers de Whitehall. Les deux hommes ont des mines menaçantes, la nuit est noire comme l'encre de Chine, le flanc du bateau prend l'eau, le gouvernail grince sinistrement. Pour se donner du courage, les deux Italiens entonnent des chansons d'amour italiennes, et Matthew Gwinne chante, seul, des madrigaux en anglais, tandis que la barque progresse lentement, si lentement qu'elle semble parfois faire machine arrière.

Pour finir, les deux gredins refusent de les emmener plus loin sur l'eau et abandonnent les trois amis sur le quai. Mettant pied à terre, les trois lettrés se retrouvent dans la boue jusqu'aux genoux et, progressant comme ils peuvent tout en proférant des injures, ils remontent la ruelle pour se retrouver sur le Strand qu'ils avaient quitté une heure auparavant.

À ce stade, Florio est désespéré à l'idée que son génial camarade manque une aussi glorieuse occasion d'expliquer sa vision et sa philosophie à d'aussi nobles et influents personnages que sont ceux qui seront rassemblés ce soir à la table du banquet de Sir Greville. Car Florio sait à quel point il est important, dans cette ville cruelle, lorsqu'on est un homme de pensée et de génie, de se trouver des princes et des seigneurs enthousiastes à même de vous encourager et de vous protéger. Il insiste pour que leur trio reprenne la route malgré tout et les voilà repartis, fourbus et crottés, dans la nuit, par les rues jusqu'à Charing Cross, au carrefour de Cockspur Street, avec sa grande croix gothique. Ils descendent ensuite vers Whitehall. Tout d'abord ils n'aperçoivent qu'un fouillis de bâtiments et de toits. Ils passent sous la grande porte éclairée. Au loin ils devinent le terrain de joutes, le tennis royal, York House, les jardins privés de la souveraine, les appartements royaux qui regardent vers le fleuve, la chapelle royale St. Stephen, où se réunissent les membres de la Chambre des communes. Traversant sa cour, ils se présentent à la porte de la demeure de Sir Greville pour être introduits dans les quartiers de leur hôte.

Leurs chaussures détrempées, leurs vêtements abîmés, leurs fraises fripées, la cape du Nolano, alourdie par la boue, les trois hommes sont accueillis fraîchement dans un vaste *Hall*, à une grande table autour de laquelle les convives ont déjà commencé à souper. Florio se retrouve assis en face du chevalier poète,

Sir Philip Sidney, membre du Parlement, figure absolue du courtisan lettré, auteur du révolutionnaire *Arcadia*, le plus accompli des gentilshommes d'Angleterre, dit-on, et qui mourra bientôt lors d'une bataille. Il est assis à la place d'honneur. À sa droite est Fulke Greville, et Bruno est placé à sa gauche. Le Napolitain est installé à côté et en face de deux docteurs anglais – cachés plus tard sous les surnoms, inventés par Bruno dans son récit *Le Banquet des Cendres*, de Torquato et Nundinio, invités pour débattre avec lui.

La nourriture est abondante et riche et la coupe d'affection, *the Love Cup*, circule à la ronde. Chaque convive est censé y boire une gorgée de vin et prêter serment d'amitié aux autres invités. Bruno est révolté par cette coutume barbare et anti-hygiénique. Il ne viendrait à l'idée de personne, en Italie, de sacrifier à ce rituel dégoûtant.

Les docteurs anglais, dont les idées aristotéliciennes et conservatrices – celles d'un monde fixe, stable, un ordre immuable des éléments dans lequel sont classés, selon le modèle de Ptolémée, les corps et les êtres – s'opposent très vite à Giordano Bruno, l'ancien moine dominicain défroqué, apostat exilé par le Vatican, adepte d'Érasme, d'hermétisme et de cosmologie. Selon le Napolitain, tout comme Copernic l'a décrit – même s'il fut autrefois obligé de se récuser – la Terre se meut autour du Soleil et, autour d'elle, d'autres planètes. Les étoiles sont des soleils qui possèdent eux aussi leurs systèmes solaires. Le monde est infini, qui contient des mondes innombrables comme le nôtre. Les convives l'écoutent, ébahis. Ils prêtent l'oreille à ce petit homme fluet, sombre de cheveux et de peau, au regard doux et mobile, à l'esprit perçant. Le Nolano va plus loin. Il récuse la Trinité, la virginité de Marie, la Transsubstantiation. Il parle du Christ en termes effarants, le comparant non au fils de Dieu mais à un mage fascinant et habile. Il croit en la réincarnation des âmes, tout comme les bouddhistes et les hindouistes. Il ne faut pas craindre la mort, dit-il avec un sourire ineffable, car elle n'est qu'un passage, elle mène vers l'accomplissement. Car le Saint-Esprit est l'âme du monde.

Rien, absolument rien, de ce qu'avance le philosophe brillant et sulfureux n'est audible aux hommes de son temps. Tout n'est que non-sens et abomination. Pourtant il fascine, émeut, ne laissant personne indifférent.

Au palais de Whitehall, au festin de Sir Greville, les admonestations des docteurs anglais et les réponses de Bruno s'enchaînent. Bruno se permet de corriger Torquato, qui dessine un diagramme erroné de la théorie copernicienne. Greville ordonne que l'on aille quérir le livre de Copernic et tous voient que Bruno a raison. L'atmosphère devient vite délétère. Pour finir, Giordano Bruno se dresse, se tourne vers son hôte et, tout haut, regrette que ce dernier ne lui ait point fourni de meilleurs et plus dignes adversaires. Scandalisés, tous se lèvent dans un brouhaha de chaises et de commentaires. Les deux docteurs anglais quittent la salle, offusqués, sans saluer nos trois amis. Ces derniers, prenant aussi congé de Sir Greville, désertent Whitehall et rentrent à pied à l'ambassade, sur Butcher Row. Ils ne prêtent guère attention aux ruelles obscures où souffle un vent fétide et inquiétant venu de la Tamise, ni aux silhouettes peu engageantes qu'ils croisent dans les recoins d'ombre. Le crieur annonce l'heure, il est trois heures du matin. Progressant par les rues enténébrées, ils refont, en chuchotant avec feu, le dîner. Le Nolano est véhément. Florio, follement admiratif des théories de Bruno, amusé de son audace mais effrayé par les risques encourus, tâche de le calmer.

Rien de cette soirée n'a échappé à notre Italo-Anglais. Cet aperçu des luttes de l'esprit humain pour tenter d'appréhender sa condition terrestre et divine l'a profondément marqué. Quelque peu embarrassé par le spectacle scabreux qui s'est donné devant Sir Philip Sidney, il n'a pour autant rien manqué de la profondeur de ce qui s'y est joué, ni du comique pitoyable de ce dîner où la bêtise et l'obscurantisme ont prévalu. C'est un observateur de génie.

Ainsi fut Giordano Bruno, et ainsi l'aima Giovanni Florio.

La plus grande pensée philosophique engendrée par la Renaissance, a-t-on pu dire de lui. Celui qui a pensé l'Infini. Celui qui a inventé l'idée de « monade » en tant qu'élément, en tant qu'entité minimale des choses matérielles et spirituelles, l'ancêtre de l'atome et du quark. L'hylozoïte, pour qui tout est vivant. Le panpsychiste, pour qui tout est psychique. L'homme qui a redonné la liberté de penser à l'esprit humain qui jusque-là, selon lui, dépérissait dans une prison sans air. Celui qui hait les ignorants comme les pédants.

Plusieurs années plus tard, après son séjour à Londres, Giordano Bruno revint imprudemment en Italie et accepta l'invitation à Venise d'un certain Giovanni Moncenigo. Le philosophe, fatigué de ses errances, espérait peut-être être nommé à Padoue à la chaire de mathématiques. Mais, déçu de son enseignement, mécontent de son service, le Vénitien Moncenigo le dénonça à l'Inquisition. Lorsque, au terme de huit années de procès, d'emprisonnement et de tortures, le génial visionnaire est brûlé vif le 17 février 1600, sur le Campo de' Fiori à Rome, sans avoir rien renié de ses convictions, Florio est à Londres, de l'autre côté de l'Europe.

En apprenant la nouvelle, il tombe dans un puits sans fond. Son âme sœur, son frère de pensée a été anéanti par la funeste phalange de l'ignorance. Le corps physique, l'écrin qui contenait son âme à nulle autre pareille, a été torturé, détruit, profané. Il n'est plus. Son esprit scientifique, progressiste, poétique, mystique, lumineux, a été aboli.

Ou bien au contraire, se demande timidement Florio, entre deux accès de désespoir, serait-il encore en quelque lieu ? Dans l'après-monde, réincarné ? En la compagnie des plus grands mystiques ? Dans la lumière de Dieu ? Comment savoir ? Il faudrait consentir à un *leap of faith*, un acte de foi, auquel Florio ne parvient pas encore tout à fait.

« Tout ce qui a de la valeur est d'accès difficile, disait le Nolano. Je ne crains rien et ne rétracte rien, il n'y a rien à rétracter.

Le Saint-Esprit est l'âme du monde. »

À partir de 1600, les pièces écrites par « Shakespeare » s'ancrent dans le tragique. En onze ans, le dramaturge livre *Hamlet*, *Othello*, *Le Roi Lear*, *Macbeth*, *La Tempête*.

34.

Storia di Giovanni Florio

Dans les années 1590, un certain nombre d'enseignants anglais craignent que le métier ne leur soit confisqué par des étrangers qui viennent enseigner leur propre langue. Le plus connu et respecté de ces derniers est Giovanni Florio, considéré comme un Italien, malgré ses tentatives de passer pour un *Italianate Englishman*. À côté de l'admiration qu'il suscite, surtout parmi les gentilshommes et les poètes, il attise beaucoup de détestation et de ressentiment au sein des professeurs anglais et autres tuteurs.

John Eliot fait paraître son *Ortho-epia Gallica, Eliot's Fruits for the French*, en 1593. Il s'agit d'un manuel de dialogues pour apprendre le français aux Britanniques. Dans son adresse aux « doctes et savants professeurs de la langue française dans la réputée et fameuse ville de Londres », il rappelle que la guerre fait toujours rage en France. Il accuse les Français exilés à Londres de n'avoir cure de l'état de leur pays « tant qu'ils sont confortablement fournis en étudiants, argent et vin ». Il s'agit de la protestation rageuse d'un professeur de français face à ce qui serait, selon lui, la monopolisation de l'enseignement des langues en Angleterre par des étrangers.

Dans un des dialogues d'Eliot, on peut lire :

« *Londres est rempli d'Italiens et de Français qui enseignent leur langue contre gages. Ils sont un peu hautains et ne s'adaptent pas bien à notre nature d'Anglais.*

— *Et pourquoi cela ?* demande l'interlocuteur.

— *Parce qu'ils sont capricieux et fiers.* »

Et plus loin :

« *Il se trouve parmi eux, pour dire la vérité, des hommes honnêtes, mais également des méchantes têtes, je dirais même de sales bêtes et des serpents qui ont empoisonné par le venin de leur talent notre nation anglaise, avec les livres de Nicolas Machiavel et de Pierre l'Arétin, nourris de saleté et vilenie, et qui mériteraient pour leur peine quelques bastonnades, et d'être bannis du royaume d'Angleterre. Voici le paiement que ces pestiférés devraient recevoir. On devrait bannir une telle peste d'un royaume uni et chrétien.* »

La haine d'Eliot est beaucoup dirigée contre des réfugiés Français qui tenaient école dans la City, dans la cour de Saint Paul, à l'enseigne de Lucrèce, ou de la Cloche d'Or, ou dans la boutique de l'imprimeur Thomas Purfoote, et qui obtenaient des salaires bien supérieurs à ceux des enseignants anglais.

Mais la victime principale, celle qui concentre toutes les haines, est Florio. Le simple fait qu'Eliot ait repris le mot « Fruits » dans le titre de son manuel est parlant. Puis, sur la première page, une dédicace-imitation en italien à Robert Dudley, comte de Leicester, l'ami et mécène de Florio. Robert Dudley étant mort depuis plusieurs années, pourquoi cette dédicace, sinon pour en faire une parodie, en italien de surcroît ?

Plus loin, on y trouve aussi des emprunts ou pastiches des dialogues de Florio.

Puis, pour finir, dans un autre dialogue, un portrait particulièrement peu flatteur d'un homme qu'il est aisé de reconnaître. En ce siècle de satires et de moqueries par poèmes, introductions et libelles interposés, ce trait n'est pas inhabituel. Pourtant, il nous touche et nous peine. Il s'agit d'une scène dans l'atelier d'un portraitiste. Les deux flâneurs échangent au sujet d'un des portraits exposés.

« *C'est un Arlequin italien.*

— *Il est, je trouve, très bien peint en imbécile.*

— *Il manque d'ombres pour un homme savant.*

— *Il est bossu d'épaules et tordu, et possède un nez de faucon.*

— *Les Perses adoraient ceux qui avaient un nez aquilin, car celui de Cyrus, dit-on, était en forme de chausse-pied.*

— *Ses mains sont très crochues et ses doigts sont visqueux.*

— *Pourtant ce n'est pas un voleur.*

— *Que fait-il ?*

— *Il ferait mieux de se taire et de se tenir sur son quant-à-soi.*

— *Il serait donc plus sage que bien des imbéciles.*

— Pourquoi son visage de nain est-il si rouge et enflammé ?

— Car la honte et l'horreur le submergent devant les vilenies, la méchanceté et les abominations commises en ce monde, ou plutôt de constater que ce sont les aveugles qui jugent des couleurs. »

« Les aveugles ne peuvent juger des couleurs » est un proverbe qui apparaît dans les *Second Fruits* de Florio. Triste portrait d'un homme qui, malgré toute son énergie à devenir anglais et dont on peut penser qu'il a écrit, « dans la langue de Shakespeare », des sonnets et des pièces de théâtre les plus extraordinaires qui soient, reste en butte aux préjugés haineux et à la jalousie.

Quelque sept ans plus tard, un certain William Cornwallis, faisant référence à l'extraordinaire traduction des *Essais* de Montaigne par Florio, écrira :

« Montaigne parle à présent anglais. La traduction est rendue par un homme que la nature a bien moins doté en fortune qu'en esprit, et pourtant encore moins pour les traits de son visage que pour sa fortune. La vérité est qu'il ressemble plus à un homme bon qu'à un savant, et pourtant, il est savant au-delà soit de sa fortune soit de son instruction. »

Pendant sept ans, de 1591 à 1598, Florio n'écrira rien. Rien de visible, en tous les cas. Ces années correspondent aux premières pièces de Shakespeare. Entre l'écriture de son manuel *Second Fruits* et son dictionnaire *A World of Words*, titre éminemment shakespearien, Florio mène sa vie d'enseignant, de tuteur, d'espion, d'homme en cour auprès des puissants. On dit qu'il aurait peut-être accompagné le comte de Southampton lors d'un voyage en France et en Italie, comme il était d'usage pour des précepteurs d'accompagner leurs élèves.

Un monde de mots est un dictionnaire Italien-Anglais, le premier du genre. On y trouve des vocables rares, des mots techniques usités dans des métiers ou commerces particuliers, des mots de dialecte dans les deux langues. C'est un lexique exhaustif et même au-delà. C'est l'ouvrage qui restera un modèle de dictionnaire pendant tout le XVIIe siècle et servira de base de travail à tous ses successeurs. Le nombre et la qualité des équivalents anglais que Florio trouve et invente même, pour chaque mot italien, sont particulièrement admirables. Les doctes spécialistes et commentateurs shakespeariens orthodoxes ont avoué l'énorme dette du dramaturge à ce dictionnaire. Il aurait largement puisé dedans ! Ainsi que l'immense dette de la langue anglaise elle-même.

En plus de l'italien et du français, Florio enseignait aussi l'espagnol à quasiment toute la noblesse du royaume. Parmi ses amis et admirateurs et ses nombreux ennemis, il naviguait avec talent et précaution, se gardant à droite, se gardant à gauche. Exténuante vie d'un génie du langage, si peu compris par ses contemporains. Voici ce qu'il écrit en introduction de son dictionnaire *Un monde de mots* :

« Avant que je te conte, noble lecteur, le but de mon nouveau voyage, accorde-moi la permission de me faire un peu plaisir et de te rafraîchir la mémoire avec les histoires de mes périls passés. La découverte desquels, parce qu'ils sont, en un sens, des dangers assez communs, pourra pour cela heureusement profiter à d'autres autant qu'ils m'apporteront du plaisir. Et ici, permets-moi de commencer par ces pirates remarquables, dans notre mer de papier, ces chiens de mer, ou critiques de terres, des hommes monstrueux, si ce n'est des bêtes plutôt que des hommes, dont les crocs sont cannibales, les langues fourches de serpents, les lèvres poison d'aspics, les yeux des basiliques, leur haleine celle des tombes, leurs paroles comme autant d'épées de Turcs, qui se préoccupent de celle qui plongera le plus profond dans le corps d'un chrétien attaché et allongé devant eux. Ces chiens aboyeurs et mordeurs sont connus comme Scylla et Charybde.

Mais ma querelle va vers un chien édenté, qui hait quand il ne peut blesser, et qui aimerait mordre quand il n'a point de dents. Son nom est H.S.

Laissons H.S. siffler et ses complices chercher querelle et briser leurs galions, car j'ai une belle faction de bons écrivains qui sont tous liés et font bande avec moi. »

Qui fut ce H.S. ? on ne le sait pas de façon certaine. Henry Sanford, le secrétaire de Henry Herbert, comte de Pembroke ? Un érudit et poète, également le tuteur de son fils William, accessoirement le mécène de Shakespeare. Également le deuxième relecteur de l'*Arcadia*, le roman de Sir Philip Sidney, tandis que Florio avait été le premier conseiller sur la première version. À moins qu'il ne s'agisse d'un autre, un certain Hugh Sanford. On subodore là-dessous des querelles sans fin entre poètes et gens de rang.

On est attristé à la lecture de ce témoignage qui dit l'éternelle difficulté d'exister en tant qu'écrivain de génie, comme penseur original, si peu compris, si peu prophète en son temps. L'éternel défi d'être l'étranger-éclaireur qui invente le chemin pour les générations futures.

Le grand dictionnaire *A World of Words* auquel tout le gratin élisabéthain va s'abreuver est lu, critiqué, admiré, jalousé, vilipendé. On parle de Florio partout, Florio qui signe désormais *Resolute John Florio*.

35.

Londres.

Rêverie.

Grace renonce à fermer à clé la porte de la maison de Shoe Lane, puisque Nellie, après avoir desservi le dîner, a promis de rester dans la demeure tout l'après-midi. Elle a des casseroles à récurer. Elle remet donc la grosse clé de fer dans la bourse accrochée à sa ceinture, puis prend le bras que lui tend son mari. Les cloches de St. Andrew Holborn sonnent une heure.

Les deux plus jeunes enfants, Edward et Elizabeth, sont déjà devant, sautillant dans la rue qui descend vers Fleet Street. Ils ont douze et onze ans. Leur tante Giulietta, sobrement habillée d'un pourpoint bleu sombre, d'un devant brodé et d'un *partlet*, un fin voile, qui masque presque son décolleté, d'une jupe bleu de Prusse sur un vertugadin à la française, de manches avec de discrets crevés bleu ciel, d'une petite fraise aux pointes brodées et d'une longue cape de velours gris perle, les suit, les surveillant tranquillement. L'aînée, Joane, qui a maintenant presque vingt ans, avance avec une certaine raideur. Elle est à la fois heureuse et légèrement anxieuse de porter la nouvelle robe verte que sa mère lui a fait confectionner chez une bonne couturière de Cheapside, avec un petit décolleté, ainsi qu'une collerette teintée de rose bien amidonnée et de beaux gants assortis en chevreau brodé. Sa mère l'a autorisée à laisser sa lecture pieuse et sa broderie, ainsi que ses exercices de viole. Sa leçon de musique n'a lieu que demain. De son côté, Florio lui a rappelé qu'elle devrait continuer sa lecture du poète italien l'Arioste ce soir, avant le souper. En lui annonçant cela, il l'a embrassée sur le front. Contrairement aux autres demoiselles de son âge, elle n'a pas été placée dans une famille de bonne réputation afin d'acquérir des rudiments de gestion domestique et se créer des relations. Son père a préféré la garder avec eux pour le moment.

Au croisement de la grande rue, la famille dépasse une vendeuse d'articles de mercerie qui lance son cri : *Pins, garters, ribbons of silk !* Épingles, jarretières, rubans de soie ! Le temps de ce jour de mai est exceptionnellement beau, aussi Florio a-t-il proposé de traverser la Tamise plutôt que d'emprunter le pont, qui se trouve un peu trop à l'est, de toute façon. Joane a été déçue car elle aime tant se coller aux devantures des boutiques de London Bridge, toujours fournies en articles raffinées, miroirs, pendules, instruments de mesure scientifiques tels des astrolabes ou des sextants, violes et luths, lunettes, bijoux, plats en argent, fioles d'apothicaire ou nouveaux parfums. Sans oublier le véritable chameau que l'on peut y admirer dans une des maisons pour un penny. Ce sera pour une autre fois. Il s'agit pour eux de descendre vers le fleuve par Water Lane pour prendre un *wherry* à Whitefriars qui les laissera sur l'autre rive, aux escaliers des *Paris Gardens*, non loin du théâtre.

Arrivés sur le quai ils doivent attendre qu'une embarcation se libère car il y a foule, aujourd'hui, qui cherche à traverser. Le peuple, mais aussi des gentilshommes et des dames, ces derniers dans leurs plus beaux atours. Les Londoniens ont supporté l'hiver de longs mois avec ses privations, ses représentations à l'intérieur, aux chandelles, sur des scènes étroites. Ils ont hâte de retrouver leurs jardins, leurs théâtres de plein air, et de profiter du printemps qui embaume et de la lumière ressuscitée.

Après une traversée de quelques minutes, sur une barge en compagnie d'autres passagers, pendant laquelle Florio et les siens ont admiré la majesté du fleuve, ses lumières changeantes et diaprées sous le soleil, les grands bateaux amarrés aux quais, et les beaux cygnes blancs de la vieille reine, ils débarquent non loin de l'arène du *Bear Baiting*, l'enceinte des combats d'ours et de mastiffs. Tous froncent le nez à la puanteur atroce qui s'en dégage. Derrière les *Bear Gardens* se trouvent le *Rose* et le *Globe*.

— Te souviens-tu, *Amore*, je t'ai emmenée au *Rose*, l'année dernière ? glisse Florio à son épouse.

— Yes, *Dear,* nous y avons vu *The Spanish Tragedy*. Je ne sais toujours pas à ce jour ce que tu en as pensé ! plaisante-t-elle.

— Je crois que c'est parce que je ne le sais pas moi-même !

— Ce Thomas Kyd a du talent, tu ne trouves pas ? Tout Londres ne parlait que de cette pièce.

— Oui, peut-être. C'est un bon divertissement populaire, j'imagine. Je n'aime pas Philip Henslowe qui a construit cette salle. Il l'a agrandie il y a quelques années pour y entasser davantage de spectateurs. C'est un homme d'affaires, un entrepreneur. Ce que représente vraiment le théâtre compte peu pour lui.

Florio n'ajoute rien. Il semble contrarié. Grace n'insiste pas.

Les voici devant le *Globe*. C'est un bâtiment vaste et rond au toit couvert de chaume. L'architecture en bois transparaît dans les colombages pris dans le crépi blanc. L'entrée se fait sur le devant par une petite tour au toit pentu. Les Florio s'avancent devant le guichet de la billetterie. Florio achète six places à trois pennies chacune, qui correspondent aux sièges dans la galerie couverte, agrémentés d'un coussin. Ce sont les plus chères.

Puis, comme il est encore un peu tôt, ils vont boire une *ale* et du jus de pomme au *King's Arms* juste à côté.

La taverne a installé une terrasse ombragée et protégée pour accueillir les dames et les familles. Un violoneux les accueille en musique et les suit jusqu'à leur table. Florio lui glisse une pièce. En remerciement, l'homme lui apprend qu'à l'intérieur on danse une *brawl*, une danse des lavandières, au son d'une cornemuse, et qu'on s'y divertit fort. En effet, de la musique et des rires leur parviennent de l'intérieur de l'auberge, des bruits de pas glissés et martelés. Alors qu'ils sont attablés devant leurs boissons, Florio observe son fils Edward, encore si enfantin malgré ses douze ans. Il a achevé sa *Grammar School* et son père a engagé un précepteur, un brillant étudiant d'Oxford, pour le seconder dans son éducation, car lui-même dispose, hélas ! de si peu de temps : latin, grec, français, italien, mathématiques, philosophie. Florio voudrait pouvoir le faire inscrire au Magdalen College dans quelque temps. Mais l'enfant est encore si insouciant. Il plaisante avec sa sœur, ils sont si proches, nés à moins d'un an d'intervalle, ils sont presque jumeaux. Il interrompt un instant leurs jeux.

— Ed, *my boy*, je veux que tu fasses attention à la pièce que nous nous apprêtons à voir. Sois attentif, tâche de tout retenir. Je te demanderai, une fois revenus à la maison, de m'écrire l'argument de la pièce avec ses cinq actes. Ainsi je pourrais voir ce que tu en as compris. Prends soin d'être bien concentré.

L'enfant esquisse une moue, déconfit, et jette un regard envieux à sa jeune sœur.

— Est-il nécessaire d'exiger autant de lui ? chuchote Grace, en détournant légèrement la tête pour plus de discrétion. N'a-t-il pas le droit de s'amuser un peu ?

Il ne lui vient pas à l'idée de demander à son mari pourquoi il n'en attend pas autant de leur fille Elizabeth.

— Tu sais que j'y tiens. Mon père en aurait fait autant si j'avais eu la chance de pouvoir me rendre au théâtre avec lui. Edward a la grande fortune d'être né dans ce pays et d'y avoir sa place. Nous devons faire de lui un érudit. Son avenir en dépend, c'est aussi simple que cela. Il lui faudra se débrouiller pour gagner au moins cinq cents livres par an s'il veut être un gentilhomme.

Grace soupire. Elle sait que son mari a raison. Quel avenir y a-t-il, hormis l'érudition, pour un homme qui n'est pas bien né ? Il n'est le fils d'aucun lord, celui d'aucun riche gantier ou drapier, ni celui d'un maître d'une puissante corporation, et n'héritera d'aucune *freedom*. Il ne recevra aucune fortune, aucune affaire avec une bonne clientèle.

— Tu dis vrai, *Dear*.

— *Thou art as wise as thou art beautiful*, lui répond son mari. Tu es aussi sage que belle.

— *Le Songe d'une nuit d'été* ! s'exclame Grace, qui a reconnu la citation. Le rose lui vient aux joues.

Grace connaît par cœur les tirades phares des pièces à la mode. Le regard de Florio s'attarde sur celui de Giulietta. Réprimant sur ses lèvres un pli amusé, elle lui sourit avec les yeux. Pour le moment, discrète, elle se contente de jouer à des devinettes avec les deux enfants, ou d'écouter Joane lui parler des sonnets dont elle s'est entichée.

— Voulez-vous que je vous raconte la construction héroïque du *Globe* ? demande Florio aux enfants pour les occuper quelques minutes encore.

Les trois se taisent soudain et se tournent respectueusement pour l'entendre.

— Écoutez plutôt : James Burbage et ses deux fils, Richard et Cuthbert, ont créé la troupe d'acteurs du Lord Chambellan il y a une dizaine d'années environ. Ce sont d'excellents comédiens !

— Qui est le Lord Chambellan ? demande Elizabeth.

— Il s'agissait de Sir Henry Carey, un noble personnage, premier baron de Hunsdon. Il était responsable des divertissements de Sa Très Gracieuse Majesté. Lorsque le Lord Chambellan est mort, c'est son fils, Sir George Carey, deuxième baron du nom, qui a repris la fonction et qui a continué à être leur mécène. Puis, un certain William Shakespeare, un homme d'affaires et acteur, a...

— N'est-ce pas aussi un dramaturge ? interrompt Grace.

— Oui, bien sûr, un dramaturge aussi, enfin c'est ce que l'on dit... D'ailleurs la pièce que nous allons voir tout à l'heure est... de lui. Je disais donc, ce Shakespeare, les Burbage et la troupe avaient pour habitude de jouer des pièces au *Theater*, un théâtre à Shoreditch.

— C'est au nord de chez nous ?

— Exactement. Mais comme le propriétaire du terrain n'a pas renouvelé le bail, ils ont été expulsés de leur théâtre et dans l'obligation de se produire au *Curtain*, plus ancien, plus petit et plus cher, bref très malcommode. Finalement, profitant des fêtes de Noël 1598, pendant que le propriétaire du terrain était absent, la troupe du Lord Chambellan a décidé de forcer le destin. Sur les conseils du charpentier de la troupe, ils ont démonté le théâtre en une journée et l'ont transporté, planche par planche, dans la neige, jusqu'à la Tamise. L'opération leur a pris tout le jour, de l'aube au crépuscule !

— Ont-ils utilisé des chevaux et des ânes ? demande Edward avec sérieux.

Joane lève les yeux au ciel devant l'immaturité de son frère.

— Je ne crois pas, *my boy*, non, tout s'est fait à dos d'homme ! Les Burbage avaient pris la précaution de louer un nouveau terrain ici, à Bankside. Les planches furent transportées de nuit sur le fleuve et, au matin, la reconstruction du théâtre fut commencée sur ce terrain. C'est ainsi que les hommes du Lord Chambellan se vengèrent des misères qu'on leur avait faites et que le *Globe* est né. C'est un très beau théâtre, vous allez le constater vous-mêmes. D'ailleurs il est temps d'y aller.

— Tu sembles bien au fait des mésaventures de ces comédiens, remarque Grace, étonnée.

— C'est que tout Londres en a fait des gorges chaudes, *Amore*. Jusqu'à la cour.

Giulietta, imperturbable, coule un regard à son frère.

La famille se lève, quitte la taverne et se rapproche de l'entrée. Les spectateurs à présent nombreux, impatients et agités, se pressent pour entrer. Les bourses modestes, les apprentis, les petits commerçants, les étudiants aux *Inns of Court*, se bousculent pour accéder au parterre, où ils se tiendront debout, et où ils essuieront les averses le cas échéant. Les Florio montent au deuxième étage dans la galerie couverte avec garde-corps en bois et s'installent sur les coussins. Les enfants sont bouche bée devant la taille et la magnificence du lieu. Les murs des galeries sont peints de tableaux mythologiques. La scène, immense, qui s'avance dans la cour, est constituée d'un plancher surélevé, dont le fond est décoré de portes et de colonnes peintes pour imiter le marbre, aux chapiteaux d'or. Des galeries y ont été aménagées pour les spectateurs les plus prestigieux, afin qu'ils soient vus du reste du théâtre, autant que les acteurs. La scène est protégée d'un plafond à caissons peint et doré, surmonté d'un pignon de bois. Le toit qui couvre tout l'édifice est de chaume.

Une fois installés, Florio remarque une connaissance assise un peu plus loin. Il se lève et quitte un instant les siens pour aller saluer l'ami poète. Puis, quelques sièges plus loin encore, il avise un gentilhomme de la cour. Il se précipite pour lui présenter ses hommages.

Pendant ce temps Giulietta, afin d'occuper les enfants, leur conte quelques anecdotes.

— Savez-vous que vous allez voir des costumes de grande beauté portés par les comédiens ?

— Aussi beaux qu'à la cour ? demande Elizabeth.

— Aussi beaux. Car savez-vous que lorsqu'un roi ou un prince meurt, il fait souvent don de ses vêtements à ses plus fidèles courtisans et domestiques ? C'est une tradition. Mais aucun domestique ne peut porter les vêtements de son roi. Alors il les vend aux théâtres qui les récupèrent et les utilisent pour incarner les rois et les princes des histoires.

— Et les reines ? Donnent-elles aussi leurs vêtements ?

— Elles les donnent aussi. Mais au théâtre, seuls les hommes sont des comédiens. Les rôles de femmes sont interprétés par des hommes !

Joane glousse légèrement à l'idée de ces hommes forcés de se glisser dans des corselets, des vertugadins et des jupons. Et d'arborer fards et coiffures alambiquées. Grace regarde Giulietta avec surprise.

— Tu me parais toi aussi très au fait de ces affaires, dit-elle d'un air un peu pincé.

— C'est que Giovanni me raconte tout, lui fait Giulietta, avec un sourire angélique.

Florio est revenu. Il est allé saluer Thomas Nashe, explique-t-il. Et un mécène important.

— Quelle pièce allons-nous donc voir, *Dear* ? demande Grace.

Florio jette un regard furtif à Giulietta, au bout de la rangée, en se rasseyant sur les coussins entre sa femme et Edward.

— *La Tragédie de Hamlet, prince du Danemark*... On dit que c'est excellent.

36.

Récit de Benjamin

— Je ne sais pas ce que j'ai en ce moment, dis-je à Andrea. Mon esprit échafaude des idées étranges.

— Quel genre d'idées ?

Andrea et moi nous étions donné rendez-vous aux Tuileries. Espace géométrique et mental des jardins, ouvert sous le ciel, plein de vide poudreux, sur lequel veillent ses antiques statues. J'ai toujours eu un terrible besoin de parcs avec des statues.

Nos pas soulevaient de la poussière blanche, venue de l'effritement des choses, de la statuaire. Peut-être aussi de notre jeunesse enfuie.

— Des rêves fantasques, peut-être même médiumniques ! précisai-je. C'est le livre de Scopritori qui m'atteint.

— *Ovviamente !* Évidemment qu'il nous atteint ! Cette histoire est terriblement dérangeante. Car au fond que nous dit-il, ce brave Scopritori ? Que Shakespeare n'est pas Shakespeare mais quelqu'un d'autre. Qui s'est fait appeler Shakespeare. Qui s'est laissé dévorer, sciemment, par un *usurpatore*. Quand on connaît la portée de l'œuvre, c'est très violent.

— C'est Prométhée enchaîné qui accepte de se faire voler la vedette pour toute l'éternité. (Sans doute la proximité des statues mythologiques m'inspirait-elle.)

— Et toi tu laisses ta cervelle faire la diva ? me dit Andrea, un rien condescendant.

— Je t'en prie, un peu de respect...

— Quels sont tes symptômes ?

— Disons que, certains jours, j'ai imaginé à Shakespeare une sœur qui ressemble...

Andrea a souri.

— *Diciamo che hai inventato una sorella che assomiglia a*... laisse-moi deviner... Juliet !

J'ai donné un coup de pied dans un marron.

— C'est pour faire mentir Virginia Woolf, dont le postulat est vraiment trop sinistre. D'autant que je ne suis pas sûr qu'elle ait eu raison. L'époque élisabéthaine était vue, de son temps, comme le paradis des femmes !

— Paradis relatif, j'imagine. C'est pour faire revenir ta Juliet. Par la force de la pensée. C'est un acte psycho... magique !

— Mais non. Je les vois écrire l'œuvre ensemble. En secret. Le frère et la sœur. Comme des jumeaux adelphiques.

Nous arrivions près du grand bassin. Nous nous sommes affalés sur les chaises de métal. C'était un jour sans touristes. Le vent ridait l'eau du bassin et les vaguelettes venaient se jeter continuellement contre le bord pour mourir.

— Tu crois que je deviens fou ?

— Tu te souviens de la folie de Hamlet ?

— C'est une pièce très étrange. On sent qu'elle est pleine de secrets. Que Shakespeare ne nous dit pas tout.

— *Si, esattamente*. Et si on en croit Scopritori, elle a été écrite après la mort atroce de Giordano Bruno. Il y avait vraiment de quoi devenir fou.

— Oui. J'imagine l'effroi de Florio. La destruction par des imbéciles d'un esprit supérieur. Un homme qui avait compris, dès le XVIe siècle, ce que la science d'aujourd'hui nous a prouvé. Et même davantage. Un homme dont la vision était capable d'unifier celles des différentes religions et de l'astrophysique en même temps !

— Ce sont les médiocres qui régissent le monde. Mais pour en revenir à la *follia*, Hamlet prétend être fou pour lutter contre la médiocrité criminelle de son oncle Claudius, et celle de sa mère.

— On ne sait pas. Peut-être l'est-il vraiment. Pourquoi traiterait-il Ophelia de cette manière si cruelle, sinon ? Jusqu'à la pousser au suicide. Ou alors c'est un esprit double.

— Hamlet a sa propre vérité cachée. C'est un homme sans dieu, il se débrouille avec ses propres mystères ! En cela, c'est un modèle *perfetto* d'homme moderne, dit Andrea.

— Alors je ne suis pas fou, je suis moderne ! Ou bien ma modeste folie n'est que le symptôme de mon secret.

— *Macchè !* Tu parles ! *Che segreto ?* Tu n'es qu'un pauvre type éternellement amoureux ! *Un farfallone !* Un papillon à femmes.

— Merci !

— Giordano Bruno, lui, avait son secret. C'était celui de son savoir. Qui le lui avait transmis ?

— L'employé modèle, là-haut, qui classe et répertorie les axiomes de la connaissance, dans la Grande Bibliothèque du Monde.

J'ai regardé Andrea comme un mage inspiré. Il a ri.

— Alors, quid de la sœur de Shakespeare ? ai-je ajouté.

— Invente-la si ça te fait du bien.

— Je la vois écrire, à la plume, sur de grands feuillets, dans un cabinet lambrissé, à la lueur d'une chandelle... Elle est belle, mais seule.

— Elle n'est pas seule puisque tu es là ! Tu es caché derrière un paravent ! Et Scopritori ? D'où tire-t-il ses renseignements ?

— C'était un universitaire. Il a fait des recherches.

— Ou un employé modèle des assurances Generali ? Ou peut-être un schizophrène ? Un fou, lui aussi.

— Alors la *follia* ? interrogeai-je.

— Un, comment dites-vous ? un *stratagemma* pour vivre la complexité douloureuse du monde. Car il faut être fou, *completamente pazzo*, pour être capable d'écrire une telle œuvre sans jamais rien révéler de son identité. N'être qu'un secret.

— Disons qu'il faut peut-être avoir des garanties… supérieures. Comme Bruno…

— *Sì*, tu as raison. Il faut être d'ailleurs.

Une bourrasque nous a fait frissonner. Nous nous sommes levés en hâte, direction le café le plus proche pour nous réchauffer.

37.

Londres.

Rêverie.

Giuletta vient de finir son repas. Elle a dîné avec Grace et les enfants de trois bouchées de *meat pie*, de quelques légumes de printemps noyés dans du bon beurre d'Eping, et de *sallet*, de la verdure agrémentée de pissenlits.

Il est encore tôt, à peine une heure de l'après-midi passée de la demie. Elle monte à l'étude de son frère avec une assiette de fromage de Cheshire, une vieille pomme du cellier et quelques noix.

— Giovanni, *Amore*, j'ai eu une idée.

Florio lève la tête de ses feuilles, la plume suspendue, et ses yeux la contemplent un instant sans la voir. Il ne répond pas.

— *Gio, ti vorrei parlare di qualcosa, un'idea che ho avuto ! Mi ascolti ?* Tu écoutes ?

Giulietta élève un peu la voix afin de déchirer le voile de brume qui entoure son frère et l'éloigne du monde. Il revient soudainement à lui et lui sourit. Sur sa table un manuscrit épais avec des entrées nombreuses, comme un dictionnaire. Il repose sa plume.

— Pardonne-moi, *my Sweet*, l'imprimeur attend les corrections pour demain.

— Tu avances bien ?

— Aussi bien que le Jugement dernier ! *Il deficiente*, l'imbécile, m'a perdu trois pages. J'ai appris cela de bon matin en me rendant chez lui. Je dois les refaire de mémoire. Hélas, c'est comme la catastrophe qui arrive à la fin de toute bonne vieille comédie pour créer une mauvaise diversion.

— Mon Dieu, quel pensum ! Tu dois enrager !

— Chaque fois, ces éditeurs sont *di male in peggio ! From bad to worse !*

— De Charybde en Scylla…

— *Exactly.*

— Tu n'as rien mangé, Giovanni.

— Je n'ai pas le temps !

— Grace s'en est encore plainte.

— Je sais. Elle ne comprend jamais. Pourtant je l'aime tendrement. C'est une femme de grande qualité.

— Je le sais bien. Tiens, mange au moins quelque chose de ceci.

Giulietta pose l'assiette sur la table devant son frère avec un gobelet d'*ale*.

— Merci, *my Sweet,* je t'écoute, mais fais vite.

Tandis que Florio mâchonne sans appétit un morceau de fromage, sa sœur lui expose son idée.

— J'ai relu l'*Arcadia* de Philip Sidney. L'histoire du roi aveugle de Paphlagonia qui meurt de joie et de douleur ensemble. C'est d'une rare beauté. Et j'ai repensé à la *Chronicle History of King Leir*, cette comédie anonyme. Et à Geoffrey de Monmouth. Et à *Fairie Queen*, d'Edmund Spenser. Et à l'histoire de Cendrillon. Et j'ai eu la vision d'un vieux roi fou, tourmenté et solitaire, entouré de ses enfants ingrats.

— Je vois où tu veux en venir…

— Oui, je sais que tu vois ! Il y a aussi l'affaire de Sir Brian Annesley et de ses filles.

— Ce vieux serviteur de Sa Majesté feu la reine. Une affaire vraiment « truculente », comme disent les Français ! fait Florio, en croquant quelques noix et noisettes. Sa fille aînée, Lady Grace, et son mari, Wildgoose, ont tenté de le faire croire aussi fou qu'un chapelier pour s'emparer de ses affaires et de sa propriété dans le Kent ! La seconde fille, Christian, les y a aidés. Mais la troisième, Cordell, s'y est opposée. En bonne fille vertueuse et aimante, elle a défendu son vieux père, dont les états de service méritaient qu'on le considère mieux, et elle a recherché l'appui de Sir Robert Cecil. À la mort de Sir Brian, les Wildgoose furent très en colère car il avait laissé ses biens presque entièrement à Cordell. Ils contestèrent le testament. Je connais bien l'affaire, car un des exécuteurs fut Sir William Harvey, le dernier mari de la comtesse de Southampton, la mère de mon premier mécène. À la mort de la comtesse, Harvey finit par épouser la vertueuse Cordell ! Rien ne se perd jamais.

— Eh bien vois-tu, la pièce est là.

— Tu crois ?

Florio émiette dans l'assiette un nouveau morceau de Cheshire et joue avec quelques grumeaux friables. Aujourd'hui est un jour où il est las de son travail incessant.

— Oui, je le crois. Et nous pourrions écrire une pièce sur un père qui aime ses enfants par-dessus tout. Comme Père, insiste Giulietta.

— Il est vrai que dans ce domaine, Père avait sa propre folie !

— Il suffit de relire l'histoire de Jeptha et de ses filles. Et de Cendrillon.

— Pourvu que je puisse y mettre quelques espions à la solde du roi de France, pour me rappeler de bons souvenirs ! Et Job ! Et de l'exorcisme ! Et l'Apocalypse !

— Et un fou du roi ! Qui appellera Lear « Mon p'tit oncle » !

Florio rit d'un rire léger et boit une grande gorgée d'*ale*.

— Et autant de fous que tu voudras ! ajoute Giulietta. Les gens aiment les fous. Ils les rassurent sur leur propre santé mentale.

— Oui, ces *Toms of Bedlam*, ces pauvres hères venus de l'hôpital de Bethlehem et qui hantent nos rues. Et une tempête !

— Tu adores les tempêtes ! Moi aussi d'ailleurs !

Florio mastique rêveusement.

— Écoute, fait Giulietta, voici notre roi Lear qui s'adresse à la tempête :

Here I stand your slave,
Me voici tel votre esclave,
Pauvre vieil homme, infirme, faible et méprisé.
(Acte III, scène 2)

— Bravo !

— Et sa fille la plus petite, la meilleure, s'appellerait Cordelia. Et on y parlerait de bonté, de fidélité et de justice.

— Et de la double nature de l'homme. Divine et satanique, dit Florio.

— Et un fils, déguisé, qui le mène avec amour. Comme jusqu'au jour du Jugement suprême.

— Et à la fin, le vieux Lear et Cordelia seraient enfermés ensemble dans une prison. Et Lear serait tout à fait fou. Écoute-le, je l'entends déjà nous parler :

Florio se lève, transfiguré, sa fatigue a disparu.

Come, let's away to prison
We two alone will sing like birds i' th' cage,
Viens, allons nous-en en prison,
Seuls tous les deux, nous chanterons comme des oiseaux en cage
Quand tu me demanderas ma bénédiction, je m'agenouillerai

Et te demanderai pardon : Et Ainsi nous vivrons
Et prierons, et chanterons et raconterons de vieilles histoires et rirons
À la vue des papillons chamarrés et des pauvres hères
Qui discutent des nouvelles de la cour, et nous parlerons aussi avec eux
Qui diront qui gagne et qui perd, qui en est et qui n'en est pas,
Et nous assumerons les choses et leur mystère,
Comme si nous étions les espions de Dieu ; et nous survivrons,
Entre les murs d'une prison, à ces cliques et ces groupes
Dont l'influence va, vient et se retire sous la lune.
(Acte V, scène 3)

Giulietta, émue, transportée, pose sa main sur sa poitrine. Un silence se fait, pendant lequel, comme étourdi, Florio se rassied.

Puis il part d'un grand rire et attrape quelques noisettes. Giulietta se lève à son tour et, mimant la scène, altière dans sa robe de drap sombre et ordinaire :

Le Duc : Oh, permettez que je baise cette main !
Le roi Lear : Laissez-moi l'essuyer d'abord, elle pue la mortalité !
(Acte IV, scène 6)

— Ha ! Excellent, *my Sweet !* Écoute !

Lorsque nous naissons, nous pleurons de nous voir arrivés sur ce grand théâtre de fous ! (Acte IV, scène 5)

Voilà ce que dira notre Lear. J'ai pris ça à mon cher Montaigne !

— Et le fou du roi je le vois drôle à en mourir ! Voilà ce qu'il dira à Lear (Giulietta imite le fou, son dandinement et sa voix aigrelette) :

If thou wert my fool Nuncle, Si tu étais mon bouffon, p'tit Oncle, je te ferais bastonner pour être devenu vieux avant l'heure. Tu n'aurais pas dû vieillir avant que d'être sage ! (Acte I, scène 5)

Ils rient de bon cœur tous les deux.

— Je vois bien Robert Armin, celui qui a remplacé Will Kempe, dans le rôle du fou, suggère Florio. Il serait *absolutely priceless*, impayable !

— Comme Hamlet le disait à Horatio, un des fils dira à son père : Les dieux ou la Providence contrôlent nos vies et décident quand les temps sont mûrs, avance Giulietta.

— Tu as raison, notre Lear est là. Je le rendrai cosmique ! Universel ! Il n'y a plus qu'à écrire sous la dictée...

Florio prend rapidement des notes pour ne pas oublier les idées qu'ils ont eues. Puis il tend le bras et tapote avec enthousiasme la main de sa sœur. Ils se regardent. Et il la chasse, car il se doit à ses corrections.

Giulietta retourne, heureuse, à ses lectures et à ses propres notes.

38.

Storia di Giovanni Florio

La reine Élisabeth, dernière des Tudors, surnommée *Gloriana*, mourut le 24 mars 1603 à soixante-neuf ans au palais de Richmond, après un long règne de quarante-quatre années. Celle qui avait gouverné avec les cinq « P », Le *Privy Council*, le *Patronage* (mécénat), la royale Présence, le *Royal Purse* (le trésor royal) et le Parlement, qui avait organisé à dessein une pénurie de nobles autour d'elle afin de ne pas partager le pouvoir, mais qui tenait tant à ce que ses sujets l'aiment, celle qui écrivait en latin, en grec, en anglais, français et italien, cette « Good Old Queen », cette bonne vieille reine, comme l'appelèrent ensuite ses sujets, lorsqu'ils la regrettèrent, avait terminé sa vie dans la mélancolie la plus sombre et la plus déchirante.

Depuis cinq années déjà, son vieux conseiller et ami, Sir William Cecil, l'avait quittée et c'était son fils Robert qui s'acquittait des mêmes tâches, mais il n'était pas son père, il n'avait pas son talent. Les fantômes de ses chers disparus hantaient jour après jour la chambre à coucher de la souveraine. Marie d'Écosse, sa cousine catholique, brièvement reine de France, puis devenue une Stuart, qu'elle avait fait décapiter à Fotheringhay après dix-huit années de captivité ; Robert Devereux, comte d'Essex, un favori, qui avait épousé la fille de Sir Francis Walsingham et fréquentait un cercle de très proches comprenant son parrain Robert Dudley, comte de Leicester, le philosophe et homme d'État Francis Bacon, Sir Fulke Greville et le chevalier et poète Philip Sydney, qu'elle avait dû condamner à mort pour haute trahison ; Catherine Howard, sa dame de compagnie depuis quarante-cinq ans, qui venait de mourir, la laissant orpheline... et tous les autres.

Sa fin de règne était la proie de brumes et d'incertitudes. Dans sa vieillesse et ses remords, dans son impuissance, elle était le roi Lear incarné.

Le cercueil royal fut transporté sur la Tamise jusqu'au palais de Whitehall sur une barge au milieu de torches enflammées et d'oriflammes noires. Puis sa dépouille fut inhumée en l'abbaye de Westminster. La rue était en émoi et en deuil. On imagine Florio et les siens prendre part au cortège, et les pensées de « Shakespeare » devant l'histoire en marche sous ses yeux, lui dont les pièces traitaient tant de cela : la question de la puissance et de l'impuissance, de la gloire et de la chute des rois. De plus, Élisabeth, qu'il avait maintes fois rencontrée, dont bien des courtisans avaient été ses élèves et ses mécènes, était la souveraine protestante qui avait permis le retour de sa famille sur le sol anglais, après les années terribles du règne de Marie-la-Sanglante. Elle avait été, d'une certaine manière, son ange gardien.

Robert Cecil et le Conseil proclamèrent immédiatement James VI d'Écosse nouveau roi d'Angleterre sous le nom de James Ier. James était le fils de Marie Stuart, suppliciée par Élisabeth. Il libéra un certain nombre des amis du comte d'Essex, dont Southampton, et réhabilita sa famille. Une certaine détente se produisit dans les premières années du règne.

John Florio se trouva rapidement apprécié par la nouvelle reine, Anne, originaire du Danemark et, grâce à Robert Cecil toujours en place, il fut appointé *Groom of the Privy Chamber*, officier de sa Maisonnée, sous les ordres du Lord Chambellan Lord Sidney, jeune frère de Philip Sidney. La Maisonnée était le département le plus influent de la souveraine. Il se composait des logements privés, regroupant la chambre, la bibliothèque, le bureau et le cabinet de toilette. La clé d'une vraie influence auprès d'elle était bien l'accès à cette *Privy Chamber*. Les *Grooms*, ou officiers, se situaient sous les *Gentlemen* de la Maisonnée, tous de noble naissance, mais au-dessus des *Yeomen*. Ils étaient constitués d'hommes de bonne naissance. On peut aisément imaginer ce que représentait ce titre pour John Florio, l'immigré sans pedigree, qui devait sa situation à ses seuls incessants efforts et à son extraordinaire talent.

Grâce à ses précédents services rendus à la cour auprès d'Élisabeth, Florio fut nommé lecteur d'italien de la reine Anne ainsi que son secrétaire privé. À partir de 1604, il la servira durant quinze années pour un salaire de cent livres par an, rédigeant pour elle des lettres et des missives confidentielles, portant des courriers, discutant tout le jour avec elle, la conseillant dans sa solitude conjugale, recevant et interrogeant pour elle diverses personnalités, fournissant sa bibliothèque en classiques et modernes, imaginant avec elle ses fameux *masques*, allant même jusqu'à être le tuteur d'italien et de français du jeune prince de Galles Henry, destiné au trône, et de la princesse Élisabeth, deuxième enfant du couple royal. Nous avons la trace d'une version française de Plutarque ainsi que d'une anglaise, toutes deux achetées par lui pour la reine et sa fille.

On prétendit qu'Anne était une reine frivole, extravagante, et qu'elle s'exprimait dans un italien parfait. C'était aussi une femme longtemps considérée comme stérile et à laquelle son époux, une fois qu'elle fut devenue mère, avait refusé la garde de ses enfants. Ils étaient élevés ailleurs qu'à la cour, ce qui lui causa un immense chagrin. Désavouée par son époux, se désintéressant des affaires du royaume, elle aimait se distraire, afin d'oublier les épisodes douloureux de sa vie, et s'entourait d'auteurs, d'artistes et de musiciens qui concoctèrent pour elle des « masques de cour ».

Les masques ! Il s'agissait de sortes de pièces parlées, puis dansées et chantées, influencées par la *commedia dell'arte* et ancêtres de l'opéra. On s'y présentait costumé en Maure, en *Blackamoor*, Africain, en chevalier, en dieu romain, en souverain. On y faisait des processions à la lumière des torches, on écoutait parfois des acteurs, puis, après le banquet, à l'acmé de la fête, on retirait son masque afin de dévoiler son identité. Ben Jonson, le grand dramaturge ami de Florio, qui considérait l'Anglo-Italien comme un père en art, ainsi que Samuel Daniel, son beau-frère, fournirent bien des textes pour ces masques. La reine et ses amies, comme Lady Rich et la comtesse de Bedford, jouaient la comédie dans ces productions, une rareté à une époque où les rôles de femmes étaient toujours interprétés par des hommes.

La Maisonnée royale bruissait continuellement des projets d'alliances et plans matrimoniaux en liaison avec les trois princes. Cette préoccupation était au centre de la politique extérieure du roi James. Espions et messagers des grandes cours royales, ainsi que ceux des plus petits royaumes d'Italie, se croisaient sans cesse au palais ou dans les ambassades de France, d'Espagne, de Venise ou des Flandres. En tant qu'ancien espion pour le compte de l'ambassade de France, et naturellement présent dans l'intimité de la reine et de ses enfants, Florio se trouvait au centre brûlant des intrigues et des agendas.

Un certain Ottaviano Lotti, ambassadeur du grand-duc de Toscane, ouvrait sa maison aux Italiens de Londres. Florio s'y rendit souvent. On y discutait du projet de mariage entre Henry, prince de Galles, et une princesse toscane. Mais par la suite, il fut question pour le prince d'épouser une princesse française, et pour Élisabeth, de convoler avec le Dauphin de France. Puis on songea pour lui à l'infante d'Espagne. Florio, au cœur de tout, jouait, en tant que polyglotte rompu à la diplomatie, un rôle essentiel d'intermédiaire dans ces affaires sensibles.

Le jeune prince de Galles refusa d'épouser l'infante papiste Anne. Puis, en 1612, alors que les projets de son mariage restaient encore inaboutis, Henry mourut subitement à dix-huit ans, au palais St. James, de la fièvre typhoïde. Sa mort fut un choc pour le pays tout entier. Ses funérailles furent célébrées en grande pompe et la Maisonnée de la reine prit part à la procession. Parmi les *Grooms* se trouvaient Florio et son beau-frère Samuel Daniel, frère de Grace. Chaque *Groom* reçut de la reine une paire de bas de soie et quatre mètres de tissu de deuil afin de se faire tailler un habit pour cette occasion très solennelle, ainsi qu'un chapeau.

Après la mort de l'héritier du trône, les efforts se tournèrent vers Charles, le frère cadet. Lotti manigança auprès de Florio, à qui il offrit une très belle pipe et du tabac, afin d'obtenir audience auprès de la reine. Il lui demandait fréquemment des conseils et des services.

On voit que la vie à la cour requérait de Florio une extraordinaire énergie.

Concernant l'automne 1605, le chercheur fébrile tombe à nouveau sur de la documentation intime concernant Florio. Sa fille, qui se nomme ici Aurelia – est-ce Joane ou une autre fille ? –, a épousé le chirurgien James Molins, membre de la distinguée société des chirurgiens-barbiers, a accouché d'un enfant, baptisé le 4 novembre, peut-être à St. Andrew Holborn, comme elle et ses frères et sœurs le furent, puisque le couple réside également à Shoe Lane. À cette occasion, la reine fait cadeau à l'enfant d'un gobelet en argent avec un couvercle, et le prince de Galles offre, quant à lui, un plat en vermeil.

Nous ne savons ni la date exacte de la mort de Grace, ni les causes. Mais en 1617, le 9 septembre, à soixante-trois ans déjà, Florio se marie à nouveau. Il épouse en secondes noces Rose Spicer, sans doute aussi à St. Andrew. Elle restera à ses côtés jusqu'à la fin de sa vie et figurera sur son testament.

Puis, le 2 mars 1619, c'est au tour de la reine Anne de mourir, à quarante-quatre ans, enflée et aveugle, abandonnée de James mais veillée par son fils Charles, dans la résidence royale de Hampton Court.

C'est pour Florio un véritable cataclysme.

Le 13 mai 1619, alors qu'il marche, grave, dans la procession derrière le catafalque royal qui emprunte les rues jusqu'à Westminster, portant un nouvel habit de deuil composé de neuf mètres de tissu noir offert par le roi, il voit à chacun de ses pas sur le pavé de la ville sa situation de *Groom* de la *Privy Chamber* disparaître *into air, into thin air*, comme il est écrit dans *La Tempête.* Au son du glas, il convoque mentalement les heures heureuses et fébriles à la cour qui furent et qui ne seront jamais plus. Moments intenses mais désormais perdus qui s'égrènent et se dissipent dans le ciel bas de Londres, dans les nuées grises venues de la mer et pesant sur la Tamise. Il comprend que ses jours d'influence sont derrière lui. Ainsi que sa vie de gentleman.

Il lui reste les dictionnaires, les sonnets et… les pièces de théâtre, sans doute, dans lesquelles il met toute son âme, ses déchirures intimes, son amertume. Elles sont riches de sa hauteur de vue à nulle autre pareille sur cette humanité, celle de son temps, qu'il devine si bien, à qui il donne souffle et vie de si prodigieuse façon. Et sur l'humanité de tous les temps.

39.

Londres.

Rêverie. Automne 1606.

Florio fait les cent pas dans sa pièce de travail. Il joue compulsivement avec une de ses chaînes d'office en or, la faisant parfois glisser entre ses lèvres. De temps en temps, il va à la fenêtre à croisée, l'ouvre et se penche afin d'observer la rue. Depuis le retour de la peste, les passants sont plus rares. Un silence inquiétant, funeste, ponctué parfois de cris déchirants et de lamentations – d'autant plus terribles qu'ils sont enveloppés d'une absence générale de bruits –, commence à prendre ses quartiers dans son faubourg. On le requiert moins à la cour, les souverains sont prudents.

Il revient à sa table, jette un regard préoccupé sur un gros manuscrit posé dessus, entouré d'un ruban, se frotte les mains nerveusement, puis fait à nouveau les cent pas.

Soudain il perçoit du bruit en bas et entend Nellie qui ouvre la porte d'entrée à un visiteur. Il sort de son étude, se penche dans l'escalier. *Send the gentleman up here !*, crie-t-il à son adresse. Un pas lourd progresse ensuite sur les marches, l'une après l'autre, les faisant grincer jusqu'au cri.

Un homme jeune mais imposant, au visage d'ogre barbu, aux sourcils broussailleux, à la couronne de cheveux sombres et bouclés apparaît dans l'encadrement de la porte. Il arbore un long manteau de drap noir sur un pourpoint en velours brun et un petit col de dentelle pointu, sans ornement. Les deux hommes se regardent un instant. Florio, reculant pour lui permettre d'entrer, lui ouvre les bras d'un geste large. Ben Jonson lance un rire bref et vient contre son ami et rival lui donner l'accolade, longuement. Puis, reculant d'un pas, il esquisse une infime révérence et, lui empoignant la main, il la baise avec un respect teinté de moquerie. Florio lui laisse sa main une ou deux secondes, puis la lui retire. Ils plaisantent.

— *My Sweet Friend*, Entrez ! On dirait que la prison ne vous a pas affecté. Elle ne semble pas vous avoir volé un seul jour ! lui dit Florio.

— Pas un seul, cher *Maestro*, pas un seul. J'ai été tout à ma vie intérieure et à ma poésie. Fort occupé comme vous vous en doutez. Et la pensée de vos écrits m'a tenu *in good spirits*, elle m'a donné bon moral !

— Combien de temps êtes-vous resté aux arrêts avec votre acolyte Chapman ? Vous savez qu'on n'a parlé que de vous à la cour ? Votre pièce était excellente, et courageuse… une satire anti-Écossais !

— Quelques semaines à peine. J'ai pu faire appel à des amis, le comte de Suffolk, le Lord Chambellan, le comte de Pembroke et Robert Cecil comte de Salisbury…

— On m'a dit que vous vous êtes adressé au roi lui-même ?…

— C'est possible… (Il sourit.) À ma libération j'ai organisé un banquet pour mes amis. Vous n'êtes pas venu.

— Je n'étais pas à Londres, *my dear Friend*, sinon je serais accouru… avec toute mon affection !

— N'en parlons plus. Ces vicissitudes sont…

— Elles nourrissent notre théâtre à tous les deux ! Elles ne sont pas indignes.

— Oui, servons-nous-en pour oublier la souffrance qu'elles nous causent. Au fait, je suis venu dès que j'ai eu votre billet.

Florio lui flatte l'épaule avec empathie et le fait asseoir dans le fauteuil confortable. Il appelle Nellie pour lui demander une collation. Puis attrape, malgré les protestations de Jonson, le tabouret et s'y assied. En attendant que la servante apporte l'*ale* et les biscuits, ils échangent des nouvelles sur leurs familles respectives et les amis communs.

Florio lui sert de l'*ale* dans une chope d'étain et place devant lui une assiette d'oublies et de *short cakes* écossais.

— Manger, buvez, vous avez connu des temps ingrats. Et il ne fait pas bon fréquenter les tavernes, en ce moment, soupire-t-il. À moins de vouloir crever comme un malheureux couvert de scrofules.

— Ni les théâtres, ils sont presque tous fermés, à ce qu'on me dit.

— Hélas ! Et pourtant, le bon roi Christian de Danemark, le frère de la reine, est venu en visite d'État tandis que vous croupissiez à la Tour. C'était il n'y a pas si longtemps, en juillet et août derniers.

— J'ai manqué ça ! Quel a été le programme des réjouissances ?

— Rien que de très habituel, combats d'ours, lutte, tournois d'épée. Promenades sur la Tamise en grands équipages avec la reine et ces dames de la cour. Et quelques masques et pièces joués devant les souverains.

— Dois-je comprendre… ?

— Non. Je l'ai gardée. Elle est ici.

Et Florio désigne le manuscrit enrubanné qui attend, épais et silencieux, sur la table. Jonson lève un sourcil d'un air interrogateur et enfourne un biscuit dans sa grande bouche. Puis, sans quitter son hôte des yeux, il époussette sa barbe et son col pour en chasser les miettes.

— *So, Sweet Maestro* ? Quelle merveille effarante, quel abîme de déraison et de drame nous avez-vous pondu cette fois-ci ? demande le jeune dramaturge, la bouche pleine.

— Une affaire écossaise.

— Ah, je ne m'y attendais pas ! Vous êtes diabolique ! Mais malin ! Brillant ! En l'honneur du roi et de ses ascendants j'imagine ?

— Justement.

— Le titre ?

— *Macbeth*.

Un silence. Jonson contemple Florio. Son regard perçant est à la fois admiratif et empreint d'une pincée d'agacement. Une vague jalousie peut-être. Une excitation et un désarroi mêlés devant ce qu'il pressent, connaissant son ami, comme une œuvre trop géniale pour être pleinement comprise. Florio, percevant ce flottement, rompt le silence.

— Je me suis inspiré de l'histoire de Banquo, le *Thane* de Locquaber, l'ascendant du roi. Ainsi que de l'histoire du complot des poudres. Et aussi du *pageant,* le tableau historique, de mon cher ami Matthew Gwinne. Il a fait représenter *Les Trois Sibylles* pour le roi à Oxford l'année dernière. Ces trois sibylles m'ont beaucoup travaillé l'esprit.

— Diable. Des sibylles et des Écossais ! Ces Scythes, ces Celtes espagnols, ces cannibales, ces barbares chevelus ! Ces diables catholiques alliés aux Français ! Le public va en redemander !

— Je l'espère. Mais je les malmène moins que vous ! Je prends mes informations historiques chez Holinshed et ses *Chroniques*. Mes sorcières, quant à elles, apparaissent dès le début de la pièce. Elles sont sur la lande, la nuit. Vous n'ignorez pas comme le roi s'intéresse grandement à la magie...

— Décidément, tous les ingrédients y sont...

— Ne me raillez pas, *my Good Ben*, vous savez, étant vous-même un homme de l'art, qu'il nous faut capter l'intérêt du public. Et l'esprit du temps.

— *Right you are !* Alors, ces trois sorcières ?

— Eh bien voilà.

Florio se lève de son tabouret et, d'une voix rauque, chuchote, l'œil pénétrant, ces premiers vers :

When shall we three meet again ?
In thunder, lightning or in rain ?
Quand nous retrouverons-nous à nouveau ?
Dans le tonnerre, dans l'éclair ou la pluie ?
Quand le tohu-bohu aura cessé
Quand la bataille sera perdue et gagnée
Ce sera avant le coucher du soleil
Où donc ? en quel lieu ?
Sur la lande
Pour y rencontrer Macbeth... (acte I, scène 1)

Ben Jonson l'écoute, concentré. Il ne dit rien. Florio se rassied.

— Cette époque glorieuse pour les Écossais, celle des Duncan, Macbeth, Malcolm, fut celle où les *Thanes* décidèrent d'appliquer le système de la primogéniture. Les sorcières apportent le désordre. Elles prédisent un bain de sang pour la possession du pouvoir. C'est une pièce tourmentée. C'est, je pense, la plus mystérieuse et la plus paradoxale de mes pièces. C'est une œuvre où tout veut dire aussi son contraire. *Fair is foul and foul is fair… Le beau est abominable et l'abominable est beau… (acte I, scène 1).*

— Le désordre vous tente donc ?

— Quel homme n'est pas attiré par lui ? Désordre, confusion, meurtre, immoralité ? Déjà mon Falstaff… Et tous les rois ! Le chaos est au cœur de notre aventure humaine. C'est aussi une pièce sur le temps.

— Vous sentez-vous pressé par lui ?

— Qui sait ? Peut-être. Il me semble que le temps est multiple. Peut-être me jouera-t-on dans deux siècles. Peut-être pas. Peut-être tout de moi disparaîtra-t-il un jour. L'homme aux dictionnaires, le distingué linguiste, le conseiller de Sa Majesté, l'espion… On aura oublié jusqu'à mon nom. On ne saura rien de mon théâtre.

— Vous avez choisi la voie de la respectabilité…

— J'ai choisi, en tant qu'exilé, de ne pas déplaire pour ne pas mourir ! C'est aussi simple que cela. Vous, vous êtes anglais, *born and bred here*, né et élevé ici. Moi je viens d'ailleurs. De tellement ailleurs qu'il faudrait un second globe terrestre pour vous indiquer d'où je viens. Comme si je venais de la lune !

— Vous êtes grandement respecté à Londres, *dear Maestro*. La reine elle-même…

— Je suis éternellement *the tight rope walker*, le funambule sur son fil, ne vous méprenez pas. Le secret est ma meilleure protection. Je compte sur votre éternelle discrétion.

— Je refuse de vous entendre parler de vous ainsi. Alors, cette intrigue ?

— Ils deviennent tous fous, ils tuent pour le pouvoir et croient maîtriser le temps. Mais…

Tomorrow, and tomorrow, and tomorrow
Creeps in this petty pace from day to day
To the last syllable of recorded time…
Demain, puis demain, puis demain encore,
Progresse de ce petit pas jour après jour
Jusqu'à la dernière syllabe du registre du temps… (Acte V, scène 5)

Jonson l'écoute et ne dit toujours rien.

— Et puis j'ai inventé un personnage de femme qui, j'avoue, me plaît bien. C'est le double meurtrier de Macbeth. Lady Macbeth. J'aime l'idée de la femme comme un double ! Si vous saviez à quel point ! (Florio s'esclaffe.) Les femmes sont redoutables ! Elles nous sont supérieures.

— Elles sont l'énigme même, admet Jonson.

— Oui, vous avez raison. Pour revenir à l'intrigue, je raconte plusieurs histoires en même temps, couronnements, assassinats, vengeances, remords, même si l'histoire est simple. Comme dans la vie. Nous naissons, nous espérons, nous faisons de grands plans sur la comète et nous mourons. Mais les récits sont multiples et enchevêtrés. C'est le chaos qui nous définit le mieux. Et les cauchemars qui naissent de notre esprit tourmenté. C'est une pièce où je n'ai pas mis d'humour. Pour une fois. Je ne sais pas si j'en suis encore capable.

Les deux hommes échangent encore une bonne demiheure. Puis Jonson se lève, impressionné. Les mots, curieusement, lui manquent. Il s'avance vers Florio et lui tend la main. Florio la serre.

Ce dernier prend le manuscrit scellé du ruban sur la table, ces pages qui ont accompagné silencieusement leur échange, lourdes de leur densité, comme si elles émettaient de puissants rayonnements. Il le remet entre les mains du jeune poète, qui s'incline à peine, les recevant.

— Comme la dernière fois ? demande Jonson.

— Oui, donnez-le à qui vous savez, qu'il le fasse passer à ce scélérat de Stratford. Rasez les murs de cette ville, plus que jamais.

— Entendu, *Maestro*, ce sera fait. Nous irons ensuite ensemble à la première !

— Vous avez toute ma gratitude, plus que vous ne sauriez l'imaginer.

— Méfiez-vous, j'ai beaucoup d'imagination !

Florio s'approche de la fenêtre. Le crépuscule s'est emparé de la rue.

— Je sais. Nous en avons tous deux beaucoup trop pour ce pays…

Il murmure :

Alas, poor country,
Almost afraid to know itself. It cannot
Be called our mother but our grave…
Hélas, pauvre pays,
Qui a presque peur de se connaître lui-même
On ne peut plus l'appeler notre mère mais notre tombe…
(Acte IV, scène 3)

Il se reprend.

— Hâtez-vous, la nuit est presque tombée. Je vais demander à Nellie de vous donner une lampe.

Florio raccompagne son invité jusque sur le pas de la porte. La servante lui allume une lanterne et la lui met dans les mains. Jonson salue Florio et s'éloigne, la balançant au rythme de ses pas pesants, le précieux manuscrit sous le bras. Il se retourne au bout de Shoe Lane, épaisse silhouette grise, presque indiscernable de l'ombre si ce n'est par le rond de lumière tremblotant sur le sol. Florio lui fait un signe de la main, attend quelques minutes, puis remonte lourdement dans sa pièce de travail.

Lorsqu'il s'approche de la fenêtre, Jonson a déjà disparu. Il murmure pour lui-même :

Come seeling night,
Viens, fauconnier de la nuit,
Bande l'œil fragile du jour compatissant
Et avec ta main sanglante et invisible

Efface et mets en pièces ce puissant contrat
Qui me fait pâlir… (Acte III, scène 2)

Puis, se détournant de la croisée noire, il allume trois chandelles et songe à ce qu'il dira de son entrevue avec Ben Jonson à Giulietta.

40.

Storia di Giovanni Florio

Pendant ses années intenses et quelque peu frénétiques à la cour de la reine Anne, Florio, en apparence, n'écrit rien de nouveau. Il se contente d'offrir à la souveraine une nouvelle version augmentée de son *World of Words*, qu'il intitule *Queen Anna's New World of Words*, ajoutant aux 45 000 entrées pratiquement 30 000 nouvelles. On est étourdi par tant d'érudition et de précision. On mesure aussi le travail colossal que ce nouvel opus lui demanda.

Dans la bibliographie de ce nouveau dictionnaire, si riche qu'il en devient une encyclopédie du savoir de l'époque, sont cités deux cent quarante-neuf ouvrages dans lesquels il a pioché, traitant de domaines très variés : littérature de voyages, histoire, géographie, botanique, art de la guerre, cuisine, fauconnerie, astrologie, astronomie ptolémaïque, théologie, zoologie, médecine, anatomie, art équestre, armes à feu, biographies. On y trouve des traductions en italien de Platon, Cicéron, Ovide, Pline, Plutarque, et la Bible. Dante tient une place à part, avec les commentaires de Daniello, Vellutello, Landino, Boccace. Les grands auteurs prisés de l'époque s'y trouvent également, le Tasse, l'Arétin, Pétrarque, Machiavel, l'Arioste. Les livres de Giordano Bruno, son grand et admiré complice dont le supplice lui a causé tant de révulsion et de chagrin, sont au complet. Sans oublier le grand Michel de Montaigne dont il a donné une magistrale traduction en anglais. On trouve donc dans cette bibliothèque, extraordinairement fournie pour un homme qui n'est pas de haute naissance et qui ne dispose pas de revenus importants, tous les ouvrages de référence nécessaires à l'écriture des pièces de Shakespeare.

Mais plus troublant encore, on détecte dans cette liste une importante quantité de pièces de théâtre, dont beaucoup d'italiennes et certaines traduites de l'espagnol. Des tragédies, des tragi-comédies, des pastorales. Rucellai, Guarini, le poète carthaginois Terence, *La Célestine*, *Aminta*, Machiavel, *Gli Ingannati*, pièce des Intronati de l'académie de Sienne, et nombre de comédies, dont celle de Giordano Bruno, *Il Candelaio*.

Beaucoup des riches définitions du dictionnaire ont d'ailleurs trait au monde du théâtre. D'autres à l'univers antique ou à l'Ancien Testament et au judaïsme. On y déniche aussi quelques définitions poétiques et drôles :

Pólmo : poisson sans cervelle qui, lorsqu'il apparaît, annonce que les tempêtes sont sur le point d'advenir.

Florio : espèce d'oiseau entre lequel et le cheval existe une telle antipathie que, si l'oiseau siffle, le cheval, éberlué, s'enfuit à bride abattue.

Ce drôle d'oiseau nous en avons enfin un portrait, une gravure réalisée en 1611 par William Hole, un graveur réputé dont les portraits d'auteurs ornaient souvent leurs ouvrages, apposés dans la version augmentée du dictionnaire : on y voit Florio vêtu de sa livrée de *Groom* de la *Privy Chamber*, portant un manteau de damas noir, gansé de satin et fourré de peau lainée d'agneau, fermé de deux douzaines de boutons recouverts de soie. Quatre lourdes chaînes d'office ornent sa poitrine. À droite de sa tête sa devise : *Chi si contenta gode*, « Celui qui se satisfait de peu, jouit de la vie », et au-dessus un soleil avec ses rayons. Son âge, cinquante-cinq ans, est inscrit à gauche de son visage.

Voici à quoi ressemble notre homme : il a un visage osseux, comme taillé au couteau, un nez fin et busqué, une barbe pointue et bien ciselée, une bouche sinueuse et vive. Sa chevelure est fournie et légèrement ondulée, lui dégageant haut le front qui est traversé par des rides profondes. Ses yeux sont grands ouverts et son regard est particulièrement vif et pénétrant. Son expression est alerte, il émane d'elle une grande intelligence. L'homme donne aussi l'impression d'être légèrement sur ses gardes, dévoilant un discret désir de contrôler ce qui pourrait surgir de lui, lui échapper. Une légère coquetterie dans l'œil lui donne pourtant une certaine douceur, incontrôlée celle-là, justement, comme s'il nous était donné de voir une fragilité intime qui échappe à sa vigilance, l'aveu d'une fébrilité mal dissimulée. Le tout dégage pourtant une impression de puissance et d'énergie intérieure. C'est un courtisan rodé, cuirassé, raffiné. Un génie absolu des mots au faîte de son pouvoir langagier.

C'est *Resolute John Florio*.

41.

Londres.

Rêverie.

Giulietta monte l'escalier jusqu'à l'étude de son frère. Elle rajuste les pans de son indienne sur ses épaules. Les doigts gelés de la nuit, tombée depuis plusieurs heures, s'infiltrent, sournois, jusque dans les recoins de la maison, sous les vêtements. Son souffle laisse une fine buée dans l'air. Elle frappe légèrement à la lourde porte et entre sans attendre de réponse.

Florio est penché, comme à son habitude, sur un épais tas de pages. Les restes froids de son souper gisent, abandonnés, sur un coin de la table, une assiette creuse de *pottage* délaissé où nagent encore quelques morceaux de viande et de légumes, et une cuillère d'étain, un gobelet d'*ale*, du pain. Quatre bougies de cire sont presque consumées.

— Est-ce que dix heures ont sonné ? demande-t-il d'un air absent.

— Oui, Nellie a commencé à éteindre les feux il y a quelque temps déjà. Le souper est passé de trois heures.

— C'est l'instant de *« l'affreux Flibbertigibbet »*, l'abominable démon, *« il sort au couvre-feu et rôde jusqu'au premier coq » !* (*Le roi Lear*, acte III, scène 4), ricane-t-il, comme pour lui faire peur.

Giulietta, pour lui faire plaisir, frissonne.

— Oui, Gio, les morts vont sortir de leur tombe et arpenter les rues. Mais sors de la tienne, *amore,* j'aimerais que nous parlions.

Florio hésite un instant, puis pose sa plume. Il recule son lourd fauteuil et s'étire longuement, puis se frotte les yeux. Il prend le temps d'avaler une gorgée d'*ale*.

— Sa Majesté me tue. J'ai l'impression d'être un stockfish battu avant d'être cuit. Sept ans déjà qu'elle me tient en laisse ! Encore des courriers à mettre au point et à porter dès demain à la première heure, avant de la retrouver pour sa leçon.

— Elle t'apprécie grandement.

— Pour être tout à fait honnête, je ne sais pas exactement ce qu'elle voit en moi. Les puissants, tu sais, sont des créatures particulières. En tous les cas, elle aime mon Montaigne. Et elle aime quérir mon avis sur ses projets matrimoniaux !

— Elle apprécie en toi des choses tues et secrètes, qu'elle ne voit pas mais qu'elle ressent, comme tous les autres ! *Senti*, écoute, Giovanni, je sais que tu m'as dit ne plus vouloir écrire de pièce. Mais j'ai eu une idée.

— *Dio mio*, encore une, *my Sweet* ? Tu ne crois pas que nous en avons assez fait ?

— Une dernière ! Pour Père !

Florio soupire et se lève péniblement. Il se met à marcher en rond dans la pièce pour se dégourdir les jambes, tout en se massant le cuir chevelu. La lueur chaude des bougies jette des paysages mouvants et changeants sur ses traits fatigués, creusés. Le plancher craque et il s'arrête net, prenant conscience que Grace et les enfants dorment juste en dessous. Il jette un œil par la fenêtre, à travers les petits carreaux déformants, à la nuit. Le clocher de St. Andrew se découpe, tordu par le verre, dans la nuitée claire. Un homme et son valet, porteur d'une lanterne, passent sur le côté d'en face, pressés, comme des spectres dansants. Il se remémore soudain la dernière épidémie de peste et les abominables cortèges nocturnes. À quand la prochaine ? Il y a si peu d'ici à la tombe, songe-t-il.

Il revient vers Giulietta.

— Je ne peux pas te donner tort, *my Sweet* ! À présent que les *King's Men* ont racheté la salle des *Blackfriars*, nous allons pouvoir imaginer une pièce pour l'intérieur. Ce sera parfait pour la mauvaise saison. Nous pourrions même envisager un *intermedio*, un masque. La reine serait ravie d'y jouer avec ses dames favorites. Je peux discuter de la musique avec Robert Johnson…

Giulietta sourit. L'énergie phénoménale de son frère, son esprit jaillissant ne sont jamais bien loin.

Florio soupire, se rassied à la table en face de sa sœur et prend une feuille.

— Bien, que dirait-elle cette pièce ?

— Figure-toi que j'ai imaginé une tempête. Tu as lu *A Discovery of the Bermudas* de Jourdain ? C'est une description prodigieuse des îles Bermudes. L'endroit est enchanté ! J'imagine nos personnages arrivant sur les sables d'une île, comme Énée apercevant les sables jaunes du Tibre ! C'est dans le septième *Chant*.

— Un pays de cannibales ! Comme dans Montaigne…

— Oui, souviens-toi, *L'Énéide* s'ouvre sur une tempête, déchaînée par Junon, alors qu'Énée touche aux rives de l'Italie, fait Giulietta. Il faut que cette pièce soit italienne. J'aimerais que nous y évoquions Florence, le berceau de notre famille.

— Impossible ! Tu oublies que le roi a des projets de mariage pour le prince Henry avec la fille du grand-duc de Toscane. Les négociations sont en pleine ébullition. Je suis chez Lotti sans arrêt pour en discuter les tenants et aboutissants. Je ne peux prendre le risque de…

— Alors nous dirons que c'est Milan ! Le grand-duc de Milan !

— Tu as raison, les Anglais n'y verront que du feu ! Adjugé pour Milan. Tu as raison encore, la tempête est une excellente poudre à fusil, un déclencheur de passions humaines parfait. Il y a celle d'Ulysse dans le chant V de *L'Odyssée*, aussi.

— C'est vrai ! Et il nous faut un magicien. Faisons une fantaisie, remplie de merveilles mais pleine aussi de vertus.

— Si je pense à tous mes ennemis, *my Sweet*, j'ai du mal à envisager plus grande vertu que celle du pardon ! Mais enfin, pourquoi ne pas me faire violence ? C'est un sujet cardinal.

— Alors une tempête en guise d'introduction, un naufrage, c'est très à la mode, une île inconnue, des Indiens, un magicien, Milan… des sortilèges d'amour…

Giulietta ferme les yeux et récite quelques-uns de ses vers.

Mon amour est une fièvre, désirant toujours
Ce qui encore alimente sa souffrance… (Sonnet 147)

— *Very beautiful, my Juliet !*

Elle attrape quelques miettes du pain blanc et les porte à sa bouche, embarrassée. Puis elle lui sourit. Ils reprennent leur conversation au sujet de la nouvelle pièce.

— Prosper… non, Prospero, propose Florio, voilà le nom de notre magicien. Il sera secondé d'un esprit aérien, Arial, ou Ariel, tout esclave à son service, comme je le suis à celui de Sa Majesté ! Il apparaîtra sur le bateau comme le feu de Saint-Elme ! Et il nous faut de la *drollery* ! Et une dispute entre deux frères. Érasme ne dit-il pas que les plus méchantes querelles sont celles qui adviennent entre frères ? Ce seront le grand-duc de Milan et son frère qui lui a pris son trône. Je m'inspirerai des Médicis.

— Être en position de pouvoir faire le mal et ne pas le faire est noble, dit Giulietta.

Florio cite de mémoire un de ses sonnets.

Ceux qui ont le pouvoir de faire du mal et ne le font pas,
reçoivent légitimement les grâces du Ciel. (Sonnet 94)

— C'est profondément juste. Et un pauvre monstre, un *Moon-calf*, un idiot né sous l'influence de la lune, suggère Giulietta.

— Oui, un cannibale ! Appelons-le Caliban.

— Et une jeune et belle fille, miroir de la vertu. Une Miranda ! Elle jouera aux échecs avec son amoureux. C'est une pratique éminemment noble et existentielle.

Florio, échauffé, se lève, se frottant les mains.

— Est-ce que Nellie est encore debout ? Peut-on lui demander de la tarte et une infusion de menthe bien sucrée de miel ? J'ai faim tout à coup !

Giulietta se lève.

— Je m'en occupe, attends-moi, *I'll be just a minute !*

Elle sort de l'étude, se glissant par la porte entrouverte, et descend sans bruit l'escalier. Florio fait de nouveau les cent pas. Cette pièce avec tempête et magicien, qui se passerait secrètement à Florence, l'enchante. Elle a eu raison de sa lassitude et de son découragement.

Mais que va-t-elle dire, cette pièce, que va-t-elle dire de lui, Florio ? D'eux deux, les exilés, les étrangers, les personnages à double visage, les contrebandiers du verbe ? Les clandestins ? Car il sent au fond de lui qu'elle sera la dernière. Il est songeur.

Giulietta revient quelques minutes plus tard avec deux parts de tarte aux pommes et deux gobelets de terre cuite fumants. Nellie étant déjà couchée, elle a tout préparé elle-même. Florio effleure ses cheveux d'un baiser. Ils s'installent à la table et se sustentent en silence un moment.

Florio fait tourner le gobelet chaud entre ses mains, mécaniquement.

— Tu comprends, *my Sweet*, il faut que cette pièce soit notre testament. Il faut qu'elle raconte notre histoire. Notre vie d'arrachements, d'efforts, d'incertitudes, notre vie tourmentée sous le regard de Dieu.

Giulietta est silencieuse. La gravité de son frère l'épouvante un peu.

— J'ai cinquante-huit ans. Comme toi, qui es pourtant plus jeune que moi, j'ai survécu à la mort de notre mère, à l'exil forcé, à la perte. J'ai conservé précieusement, dans mon âme et mon esprit, l'enseignement de notre père et celui de nos premières années d'errance dans les montagnes, dans notre thébaïde. Ces années éxigeantes en compagnie des Textes saints, appris et répétés, de leur toute-puissance. J'ai survécu dans cette île si hostile. J'ai résisté aux missions d'espion de l'ambassade, à la cour et à ses dangers, j'ai duré avec le risque de déplaire, avec celui d'être découvert. J'ai servi deux monarques. La peste, fidèle et obstinée, infatigable, ne nous a pas fauchés. Le gibet de Tyburn non plus. Nous sommes, tout bien considéré, chanceux. La mort n'a pas encore voulu de nous. Mais elle n'est pas loin, elle attend son heure. *Soon will come the time.* Je la vois passer souvent sous mes fenêtres, à la nuit. Elle marche avec une lanterne, elle ralentit parfois le pas devant notre maison. Elle lève sa tête hideuse et me regarde. Je détourne les yeux. Je songe à Grace, aux enfants. À toi. Je tremble. Mais j'ai assez fait. Assez écrit. J'ai assez donné l'Italie à ces Anglais barbares dont la langue pourtant est devenue la mienne. Je suis ce Janus harassé. Et toi je te vois fatiguée aussi de l'incomplétude de ta vie. Ton mérite est éclatant, ton esprit incomparable. Tu mériterais tellement davantage. Mais pour les femmes comme toi, si toutefois il en existe d'autres, le temps n'est pas venu, hélas ! Aujourd'hui, nous sommes au terme. C'est pourquoi il faut que cette pièce soit celle qui nous raconte. *Capisci ?*

Giulietta acquiesce en silence. Ses yeux sont humides de larmes anciennes qui ont désappris à couler.

— Il nous faut nous inspirer du *Livre de la Révélation*. Et du naufrage en Virginie relaté par Strachey, et de la *commedia dell'arte* !

— Et peut-être du *Orlando furioso* de l'Arioste !

— Oui ! Il nous faut, une fois le décor créé, raconter l'exil d'un prince banni sur une île. Une île barbare où l'on n'aime pas les étrangers. Tu me suis ?

— Attention ! Que personne ne devine…

— Sois sans crainte. Il nous faut dire qui nous sommes vraiment, débarrassés de nos oripeaux.

— Nous devons évoquer le temps qui passe. « *Nos acteurs, comme je vous l'avais dit d'avance, étaient tous des esprits, ils se sont fondus en air, en air subtil, et pareilles se dissoudront aussi les tours qui se perdent dans les nues, les palais somptueux, les temples solennels, notre vaste globe…* » Voilà ce que dira notre Prospero.

— Notre globe ? Tu veux parler du théâtre ou de notre monde ? demande Giulietta dans un sourire.

— Les deux ! Les acteurs apprécieront ! Car tout, un jour, disparaîtra et rejoindra le Grand Rien.

— Il nous faut aussi évoquer la mémoire. Celle qui reste quand tout a disparu. Celle qui fabrique la matière même de l'esprit ! Peut-être même de l'âme. Oui, l'âme est ce qui reste et qui, tel un écrin, conserve le trésor de nos vies, de nos œuvres. De ceux que nous avons aimés. J'aime penser, malgré tout, que rien ne disparaît tout à fait.

— Tu as raison, *my Sweet*. Et notre Miranda, née en exil, aura perdu la mémoire. Elle ne se rappellera rien du pays d'origine. C'est son père, Prospero, qui le lui racontera.

— Il nous faut une mère. Une mère disparue, comme la nôtre. Elle serait une sorcière bienveillante. Une mère italienne, ou une convertie, dit Giulietta.

— Il nous faut dire le mal et le bien de l'exil, dit Florio.

— Et la souffrance, toujours, éternellement intacte.

— Toujours. Écrivons-la, cette pièce, nom de Dieu !

— C'est comme si elle était déjà écrite. Dans mon cœur.

42.

Storia di Giovanni Florio

À présent que la reine Anne est morte, Florio n'a plus d'emploi.

Veuf de sa première femme, la sage Grace, remarié avec Rose Spicer deux ans plus tôt, ses enfants tous adultes, certains parents à leur tour, il se retrouve seul avec Rose, à soixante-six ans, dans la maison froide et silencieuse de Shoe Lane. Certes, Joane-Aurelia et sa famille logent un peu plus haut dans la rue, mais la folle activité de la cour, le prestige, l'influence, les responsabilités, la tension fébrile et dangereuse, sa position sans cesse sur le fil du rasoir ne sont plus. À cause de leurs différends, le roi James n'a pas repris à son service la Maisonnée de son épouse défunte. *Gentlemen*, *Grooms*, *Yeomen* sont, dans l'ensemble, remerciés. Florio n'est plus ni tuteur, ni enseignant, ni conseiller, ni diplomate, ni courtisan, ni secrétaire privé. Il n'est plus l'oreille privilégiée des soucis et tourments de la généreuse souveraine. Lui qui connaît si bien le phénomène de l'hubris du pouvoir, de la toute-puissance, puis de la chute et de la disparition de tout privilège, pour les avoir si souvent traitées dans ses pièces, les expérimente maintenant dans son esprit et dans sa chair. Lear, Macbeth, Othello le contemplent depuis leur défaite et lui font une grimace de connivence amère.

Très rapidement, l'argent vient à manquer. Il s'avère aussi bientôt que Londres est une ville trop dispendieuse et que la maison de Shoe Lane est trop chère à entretenir. Florio doit donc la quitter et la mettre en location, puis abandonner la capitale et ses théâtres pour s'installer à Fulham, à une dizaine de kilomètres au sud-est de Westminster et de la City. Fulham est un paisible village qui a pour particularité d'héberger des acteurs vieillissants, à la retraite. C'est un détail qui ne trompe pas.

Nous possédons une lettre de lui, écrite en décembre 1619, en italien, expédiée au palais royal de Whitehall au jeune Sir Francis Windebank, futur secrétaire d'État du roi Charles Ier, lorsque celui-ci accédera au trône en 1625. La lettre contenait deux textes qui lui étaient offerts, mais ils ont hélas ! disparu et d'eux nous ne savons rien :

« La botte dà quello che ha. » Le fût ne peut donner que ce qu'il a. Le réceptacle de mon état appauvri (pour moi, hélas ! une saison bien stérile), ne me permet pas de vous présenter, afin de vous honorer (comme pourtant j'aimerais le faire), davantage de précieuse liqueur que celle-ci, distillée par mes

soins en d'autres temps (quand Troie se dressait encore), issue de la frêle vigne de mon esprit aride, pressant ses grappes, ou plutôt ses raisins amers, dans la presse à vin de mes élucubrations littéraires. Je suis bien malheureux que ce ne soit un breuvage digne de votre palais délicat, mais je vous conjure de l'accepter tel qu'il est. S'il n'est pas à votre goût, soyez assez bon pour le ranger dans un petit flacon, c'est-à-dire dans un petit recoin de votre riche bibliothèque, sous une étagère, afin que, sinon comme vin, du moins en tant que vinaigre, il puisse assaisonner une pauvre salade. Mais dans quel but filé-je cette amère métaphore, qui, si je ne craignais de vous lasser je développerais bien trop longuement (si tant est que je ne l'aie déjà fait) ? Je vous prie d'accepter ces deux manuscrits, si ce n'est pour moi qui suis leur auteur, du moins en mémoire de cette âme royale et bénie (à présent dans la Gloire) à qui ils appartinrent et qui cent fois les paya de retour en reconnaissance de mes services sincères. Votre courtoisie m'encourage à vous envoyer mon serviteur vous baiser les mains et à espérer que, puisque vous avez pétri la pâte de farine et d'eau, vous trouverez plaisir, au nom de Dieu, à y ajouter une petite pincée de votre sel et de votre poivre, et ainsi à en faire un pain pour nourrir l'appétit qui est le mien, en le faisant cuire dans le four de votre bonté. Je viens vous demander secours avec confiance étant moi-même peu rompu aux complexités des affaires du monde, et je vous prie de me soulager des vexations dans lesquelles mes infortunes m'ont englouti, de telle sorte que je suis presque tout à fait réduit à néant. Les incertitudes du temps et de la saison, le froid extrême, les routes malpropres, mon âge qui m'importune et mon état de santé fragile m'empêchent de vous visiter chaque jour comme je le devrais. Cependant, avec cette vilaine supplication à peine ébauchée, je vole, (comme le loup sorti du bois par faim) jusqu'à l'aide tant espérée de la part de Votre Seigneurie et, vous souhaitant tous les sommets de la bonne fortune et une parfaite félicité, je vous baise la main avec grand cœur et (vous demandant pardon de vous avoir présomptueusement chargé avec cette tâche) je me rappelle à vous sincèrement comme votre ami affectueux et votre dévoué serviteur.

J. Florio

En hâte, depuis mon Tusculum à Fulham, le 9 décembre 1619.

Remarquons les deux proverbes, celui qui ouvre la lettre et celui, vers la fin, qui évoque le loup. Tusculum est une référence érudite au nom du domaine de Cicéron d'où ce dernier envoya des courriers.

Le lecteur pourrait trouver difficile de comprendre de quoi retourne cette supplique. Mais quelqu'un d'autre que Florio, sans doute Windebank ou son secrétaire, a écrit d'une autre graphie dans un coin de la missive :

« *Giovanni Florio : au sujet de sa pension.* »

Car Florio, renvoyé de ses fonctions royales, attendait légitimement d'être remercié par une pension de retraite pour ses bons et loyaux services durant quinze années. Windebank semble avoir réagi et fait la demande d'une patente royale pour une pension de cent livres par an pour le Sieur John Florio, ancien *Groom* de la *Privy Chamber* de feu la reine Anne, datée du 19 janvier 1620. La pension devait être payée quatre fois par an et pour toute la durée de sa vie, à partir de la fête de l'Annonciation, c'est-à-dire le 25 mars. Cette somme aurait été suffisante pour lui assurer un train de vie digne. Hélas ! il semblerait qu'il n'ait jamais reçu un penny. La cour du roi James, dépensière et nantie d'une administration laxiste, ainsi que le coût pharaonique des funérailles de la reine Anne, avaient conduit le trésor royal quasiment à la faillite. Les pensions furent suspendues. D'autant que le roi n'avait aucunement l'intention de s'acquitter des promesses faites aux serviteurs de sa défunte épouse.

Plusieurs autres courriers de Florio à d'autres personnalités de la cour constituent des suppliques supplémentaires bien tristes. Il y explique avoir dû emprunter pour maintenir sa famille à flot et n'avoir plus rien à vendre et pas davantage la possibilité d'obtenir du crédit. Il y évoque cette patente royale, cette promesse qu'il pensait inviolable, son état désespéré, son désir d'épargner à son vieux corps la prison pour dettes, et la nécessité où il était de soutenir sa pauvre famille en détresse. Faisant appel aux talents dont Dieu a bien voulu le doter, et dont trois reines – Élisabeth, Anne et sa fille Élisabeth, devenue reine de Bohême –, et les plus éminents sujets de ce pays, ont cru bon de profiter en devenant ses étudiants, il propose, encore et encore, ses services comme tuteur ou enseignant.

Ce ne sont que litanies d'humbles demandes, de suppliques et d'humiliations.

Un an plus tard, il supplie de nouveau Lord Cranfield, le Trésorier de l'Échiquier :

Je suis tombé en une violente relapse de pauvreté. Ne souffrez pas qu'un fidèle serviteur se trouve dans le besoin à l'âge de soixante et dix ans et mendie pour son pain. Je suis à présent créditeur depuis trois années pour un montant de 350 livres. Cette somme ou une partie permettrait de soulager ma famille en détresse, qui manque tous les jours de pain, de me tenir éloigné de la prison pour dettes, et me permettrait de terminer mon grand et laborieux travail pour lequel mon pays et la postérité (oui, avec de la chance vos enfants), tant que l'on parlera l'anglais, auront des raisons de vous remercier et de se rappeler l'honorable nom de Votre Seigneurie, qui soutint la muse de votre humble et pauvre serviteur, John Florio.

C'est déchirant.

Voici donc la vie à Fulham, distant du cœur de la City d'une dizaine de kilomètres par des routes impraticables, sur lesquelles galopent pourtant des hommes à cheval qui portent le courrier aux puissants de la capitale et en ramènent, trop peu souvent, des réponses. Un ferry relie parfois le port de Fulham à Westminster par la Tamise. Depuis ce port, la route principale du village, qui montait vers le nord, autrefois connue sous le nom de Bear Street ou Fulham Street, était celle dans laquelle vivait Florio. Robert Burbage, parent du célèbre acteur Richard Burbage qui s'était illustré dans bien des rôles de Shakespeare, vivait aussi à Fulham, dans le North End, ainsi que Henry Condell, futur et illustre coéditeur avec Heminge du *First Folio* de Shakespeare, première édition des œuvres du dramaturge, de 1623.

C'était désormais une vie de bannissement, de réclusion et de difficultés matérielles impossibles à surmonter. Une existence amère, après celle, étourdissante, éblouissante, menée au centre même de la ferveur intellectuelle et politique pendant cinquante ans. Une vie qui donnait matière à penser avec gravité le sens d'une destinée, d'autant plus si l'on avait infléchi à jamais le cours des arts et de la littérature, du langage, pour les siècles à venir.

Puis, le 20 juillet 1625, Florio rédigea son testament. Un testament qui tranchait extraordinairement avec celui qu'avait laissé l'homme de Stratford, onze ans plus tôt, d'une pauvreté et d'une indigence rares, manifestement rédigé par quelqu'un qui savait à peine écrire, dans lequel il n'était question que de choses matérielles, de lits et de terrains ! Et pas un seul manuscrit légué ! Pas un livre issu d'une bibliothèque ! Pas le nom d'un seul écrivain, dramaturge, poète ou ami illustre ! Par contraste, celui de Florio était le testament auquel on pouvait s'attendre de la part d'un homme de lettres : l'écriture en était élégante et ornée, le style raffiné, à l'image de ses extraordinaires textes.

Moi, Sieur John Florio de Fulham dans le comté de Middlesex, gardant bien à l'esprit et sachant que rien n'est plus certain pour les mortels que la mort, et aucune chose plus incertaine que l'heure de ladite mort, je prononce et déclare ceci comme étant mon testament.

À l'honorable, mon unique, et toujours honoré bon seigneur William Comte de Pembroke, je donne tous mes livres italiens, français et espagnols, aussi bien imprimés que non imprimés, ceux-ci étant au nombre de trois cent quarante, à savoir mon nouveau et parfait dictionnaire ainsi que mes dix volumes de dialogues en italien et anglais, et mon volume non relié de divers textes et éloges.

Puis il demande au comte de ranger ces livres parmi les siens, dans sa propre bibliothèque, soit dans son domaine de Wilton, soit en son château de Banyards à Londres. Il le prie de faire en sorte que ses dictionnaires et volumes de dialogues continuent d'être imprimés et que le profit en soit reversé à sa femme Rose, espérant ainsi qu'elle sera protégée par le comte des attaques de ses ennemis, que ce dernier l'assistera en cas de besoin, et interviendra auprès du Trésorier de l'Échiquier afin que lui soit enfin versés sa pension et ses arriérés après sa mort.

Je donne et lègue également à sa noble seigneurie la pierre corvine (comme un joyau digne d'un prince) que Ferdinando, le grand-duc de Toscane, envoya comme présent très précieux (parmi plusieurs autres) à la reine

Anne, de mémoire bénie, dont l'usage et les vertus sont décrits sur deux feuilles de papier, en italien et en anglais, étant dans une petite boîte avec la pierre.

La pierre corvia, comme le mentionne un dictionnaire en 1611, était une pierre généralement trouvée dans le nid d'un corbeau et supposée posséder maintes vertus.

Il lègue à sa fille Aurelia-Joane Molins, et seulement à elle, *la bague de mariage avec laquelle j'ai épousé sa mère, étant chagriné au plus profond de mon cœur de ne pouvoir, à cause de ma pauvreté, lui laisser autre chose.*

À son mari, James Molins, je laisse un bel écritoire recouvert de velours noir brodé de perles, avec son encrier en argent et vermeil et sa boîte à poudre, qui appartint à la reine Anne.

Il ressort d'un autre paragraphe que Florio devait de l'argent à Aurelia et à son mari, que James Molins lui avait prêté une somme de dix livres sur la valeur d'une bague avec treize diamants taillés en table, cadeau de la reine Anne, d'une valeur de sept cent quarante livres. Il la lui laisse pour payer ses frais ainsi qu'une citerne de plomb dans son jardin de Shoe Lane et un chandelier d'argent, oublié alors qu'il était malade, les deux objets étant déjà en sa possession. Il désire que toutes ses dettes auprès de sa fille et de son gendre soient apurées et que la vente du bail de la maison de Shoe Lane les satisfasse afin d'épargner sa pauvre femme qui ne sait rien de ces dettes.

Le reste de ses possessions, objets, argent, ustensiles, livres en anglais, il les lègue *à ma chère femme Rose, me lamentant du fond de mon cœur et pour toujours chagriné que je ne puisse lui laisser davantage en retour de sa tendre affection, de ses soins aimants, de sa diligence et de son continuel labeur envers moi et pour moi dans toutes mes fortunes et maintes maladies.*

À son serviteur Arthur, si toutefois il est encore à ses côtés au moment de sa mort, il laisse, aux bons soins de sa femme, ses pauvres pourpoints, culottes, chapeaux et bottes, lorsqu'il quittera ce monde ainsi qu'un de ses vieux manteaux qui ne soit pas doublé de velours.

Aux exécuteurs testamentaires, Teophilus Field, évêque de Llandalf et Richard Cluet, vicaire de Fulham, il lègue, à chacun, un vieil écritoire recouvert de velours vert, chacun avec son encrier et sa boîte à poudre en argent, sans doute des cadeaux de la reine Anne. Teophilus Field appartenait au cercle du comte de Pembroke.

Hélas ! l'exécution de ce testament connut des difficultés et les deux exécuteurs renoncèrent à leur rôle, sans doute à cause des aigreurs entre Florio et sa fille Aurelia. Entre les Molins et la veuve de Florio, seconde épouse, les choses s'annonçaient compliquées. Il semblerait aussi que le comte de Pembroke ait refusé l'héritage, se composant d'obligations envers Rose Florio.

Cette succession fut, comme on le voit, compliquée.

À l'été 1625, après que Florio eut rédigé son testament, la peste revint à Londres dans des proportions terrifiantes. Des milliers de Londoniens apeurés s'enfuirent de la ville pour trouver refuge à la campagne et, ce faisant, emportèrent le bacille avec eux. Fulham fut touché comme toutes les villes des environs. La population avait beau se barricader, ne laissant que les domestiques sortir pour l'approvisionnement, et empêcher les voitures venues de Londres d'apporter leurs voyageurs et leurs marchandises, les contaminés ne tardèrent pas à apparaître.

John Florio tomba malade, sans doute de la peste pulmonaire. Il mourut à l'automne. Rose ne fut pas touchée. Charles Ier venait d'accéder au trône.

Qui mourait de la peste, en ce temps, n'était pas inhumé dans un cimetière. À Fulham, où la peste avait déjà été, par le passé, une funeste visiteuse, une maison des pestiférés avait été dressée du côté de Hurlingham Field, un endroit plus à l'est, à l'écart et peu habité. On y avait creusé une fosse commune où tous les infortunés, déjà morts mais suspectés d'être encore infectieux, étaient jetés à la hâte les uns à côté des autres.

C'est dans cette fosse sans nom, dans un endroit sans pierre tombale, que John Florio fut inhumé. Ce génie des mots repose pour l'éternité dans le silence, arraché aux textes et aux succès qui furent les siens, sans la moindre épitaphe à sa gloire.

Plus tard, bien plus tard, un lac fut créé à cet endroit, à partir d'un bras de la Tamise. Aujourd'hui il semblerait que Fulham, et son quartier de Hurlingham, soient une ville tranquille et agréable, très prisée des Londoniens fortunés qui ignorent qu'ils vivent et s'ébattent au-dessus d'une lugubre fosse de malheureux pestiférés.

Les restes de Florio, ceux de « Shakespeare », sans doute, reposent sous ce lac depuis près de quatre cents ans.

En 1666, quarante et un ans après la mort de Florio, Londres brûla pendant cinq jours et cinq nuits. Toute la ville médiévale et celle, Renaissance, des Tudors, disparurent presque entièrement dans un incendie dantesque. On pleure d'imaginer les trésors perdus, les manuscrits enluminés, les ouvrages reliés, les tableaux, portraits et paysages, scènes de famille ou natures mortes, les édifices, les églises romanes et gothiques, les beaux meubles, les vêtements brodés cousus de perles, les objets précieux, tous réduits en cendres, ces vestiges légués par des siècles d'efforts, de travail, d'art et de foi, abolis. Le Londres de Florio, celui de Shakespeare avait définitivement disparu dans un cataclysme biblique, une monstrueuse pyrotechnie.

Peut-être fut-ce l'action d'un magicien très puissant, un Prospero cruel, pour qui, face à la monstruosité des hommes, à leur avidité, leur cruauté, le pardon n'était décidément pas de mise.

43.

Londres.

Rêverie.

Florio, Rose et Giulietta sont assis autour de la table de la salle à manger de la nouvelle maison de Fulham. L'atmosphère y est lugubre.

La bâtisse à colombages est étroite, agrémentée d'un seul étage. La longue *sitting room* ne reçoit que peu la lumière. Il faut constamment allumer des chandelles.

Nous sommes en septembre de l'année 1625. Le temps a été anormalement chaud au début de l'année. Une très haute marée a sévi en février, puis une crue inhabituelle de la Tamise a dévasté une partie de la rive nord de la City, noyant Thames Street, cette rue qui longe le fleuve, celle-là même où le jeune Florio avait trouvé refuge aux commencements de sa vie d'adulte. Les docks ont été submergés, et bien des marchandises perdues. Westminster Hall lui-même a été recouvert de trois pieds d'eau.

Puis, en mars, les vents ont surgi par effraction dans la ville, pleins de rage et de neige, de grêle haineuse. Londres s'est retrouvée aux prises avec des tornades maléfiques sorties d'on ne savait où. Malgré ces manifestations inquiétantes, ces folles températures, la peste et les fièvres n'ont pas battu en retraite. Au contraire. Depuis l'année précédente, la mortalité est effarante, épouvantable. Les noms des morts s'alignent, quotidiens, dans les registres des paroisses. Les fosses communes se remplissent de sardines humaines suintantes, certaines enveloppées dans un linceul, un drap de lin, certaines nues et déjà détroussées, tête-bêche afin de gagner de la place. Les enterrements, par décret, ont lieu de nuit. Penchés à leur fenêtre, ceux qui sont encore en vie regardent passer, au soir tombé, de sinistres convois de porteurs et de charretiers, précédés de fossoyeurs portant un bâton blanc et agitant une clochette. Le bêlement atroce de ces cloches hante sans cesse les esprits. Des *Searchers*, des surveillantes-chercheuses, ces matrones au haut chapeau tronqué, marchent en tête, faisant leur office de débusquer malades et contaminés dans les habitations, les ruelles, ou les fossés. On les aperçoit souvent marquant d'un geste définitif les portes des maisons d'une grande croix rouge à la peinture à l'huile. Puis elles y apposent une affiche avec ces mots : DIEU AIE PITIÉ DE NOUS.

Ceux qui peuvent quitter la ville s'enfuient par tous les moyens, à pied avec leurs balluchons, leurs poches remplies d'objets de valeur, à cheval, dans des carrioles tirées par des mules, des carrosses à deux chevaux. Ceux qui se doivent de rester envoient leur famille à la campagne ou dans les banlieues, éparpillant ainsi les miasmes, contaminant les villes et les villages, jusqu'aux hameaux. Hommes, femmes, enfants meurent brusquement dans la rue, comme frappés par la foudre, mais aussi dans les églises, au milieu d'un sermon, ou sur le bord des chemins. Parfois ils hurlent à la mort, seuls dans une maison ouverte à tous les vents, prisonniers de leur corps souffrant, dans un quartier déserté, livré aux pilleurs et aux chiens errants.

À Fulham, les choses ne sont pas bien différentes de la City. Une *pest-house* a été érigée et une fosse creusée au lieu-dit de Hurlingham, à l'est de la ville, non loin d'un bras de la Tamise et entouré de champs. Tous trois, Rose, Giulietta et Florio en ont entendu parler. Ils évitent d'évoquer l'affreuse réalité.

En ce début de septembre, ils sont réunis dans la grande pièce. Rose tambourine de ses doigts sur la table bien cirée et s'impatiente. Il est deux heures de l'après-midi. Elle a demandé à la servante d'apporter de l'*ale* et de la lumière, car le jour baisse déjà. La servante tarde.

— Thomasine ! crie Rose, combien de fois dois-je…

La vieille femme, qui a remplacé la jeune Nellie restée à Londres, apparaît soudain, lente et courbée, fourbue, portant difficilement une cruche et un chandelier. Le spectacle est pathétique. Florio se lève et lui prend vivement le bougeoir des mains, puis entreprend d'allumer les chandelles avec un tison qu'il a pris dans l'âtre.

— Tu devrais d'abord raccourcir les mèches, lui suggère Rose, à cran, d'un ton brusque.

Elle lui tend les ciseaux par-dessus la table.

— Tu as sans doute raison, prononce Florio, d'un ton plat.

Les chandelles sont beaucoup moins commodes que les bougies à la cire d'abeille, mais tellement moins chères. Giulietta soupire et ne dit rien. Elle resserre frileusement son indienne autour de ses épaules amaigries.

Florio, empoignant les curieux ciseaux à petit boîtier, s'essaie à raccourcir les mèches qui, trop longues, fumeraient inexorablement. Il tousse. Sa main tremble, sa vision se brouille, il peine à exécuter les gestes avec la précision requise. Le trivial de la situation ne lui échappe pas. Il se contemple lui-même, vieil homme oublié de tous, replié dans une demeure modeste, loin de la City, avec sa femme vieillissante et sa sœur jamais mariée, son corps usé, épuisé, désormais mal vêtu, peinant à s'acquitter d'une tâche aussi simple et rustique, une besogne quotidienne qui devrait échoir à la servante, trop exténuée elle-même pour y penser. Il songe qu'on dirait une scène tristement drolatique tirée d'une de ses pièces.

Voyant ses difficultés, Giulietta se lève et lui prend tendrement les ciseaux des mains. Elle tranche avec précision les mèches, puis allume les chandelles. Un peu de clarté inonde alors la table, jetant de pauvres reflets jaunes sur le plat d'étain où attendent quelques pommes, les premières de la saison, allumant un feu pâle sur les visages.

Thomasine, restée à distance respectueuse de ses maîtres, s'approche alors de la table en traînant les pieds et en marmonnant quelque prière. Elle leur verse de l'*ale* d'un geste peu sûr dans des gobelets de terre vernissée. Rose attend qu'elle se soit poussivement éloignée vers la cuisine pour parler.

— J'ai entendu dimanche que le fléau nous aurait été envoyé à Pâques, afin de punir ceux qui sont venus recevoir les sacrements sans préparation spirituelle !

— *Yes, my Darling*, j'ai entendu la même chose, fait Florio d'une voix morne. On parle aussi de mouton avarié ou de mauvais alignement des planètes. C'est dire.

Il a un petit rire amer.

— On dit aussi que tout a commencé dans la maison d'un Français derrière Bishopsgate ! ajoute Rose.

— Encore un coup des Français, naturellement. Je me demande ce qu'en penserait ce bon vieux Mauvissière, que j'ai tant servi…

— Mais on prétend aussi que tout est parti de la paroisse de St. Botolph, en dehors de Bishopsgate, là où sont les *hovels*, les habitations insalubres et les abattoirs, du côté de Whitechapel.

— Oui, oui, que veux-tu… dans le dernier *broadsheet* que j'ai pu me procurer, on rappelle que la grande peste de 1603 est partie des Pays-Bas. Tu t'en souviens peut-être ? Et que celle-ci a dû suivre le même funeste chemin. Cette explication me paraît plus… rationnelle.

— Est-il vrai, demande soudain Giulietta, que le *Privy Council* de Sa Majesté a tancé le Lord Mayor pour ses efforts insuffisants en matière de prophylaxie ?

— Comment le saurais-je, moi qui ne suis plus en cour, *my Sweet* ? s'agace Florio. Le Conseil privé et le maire aiment à se rejeter les responsabilités de toute éternité. C'est leur sport favori ! Pendant ce temps, les juges et les prêtres désertent la ville. Nous sommes abandonnés. Enfin, ce n'est pas comme si je ne savais pas ce que c'est que d'être abandonné…

Tous trois se taisent. Ils savent pertinemment que Florio fait référence aux multiples requêtes pour obtenir une pension et qui sont restées sans réponse.

Giulietta s'anime un peu.

— Après que l'infection a envahi la City en avril, j'ai trouvé le mois de juin terrible. Comme au diapason de la catastrophe. En plus de la nouvelle du retour de la peste, ce froid, cette pluie continuelle m'ont transi l'âme. (Puis, après une pause.) Vous avez remarqué comme cette peste est venue avec le décès du roi, tout comme celle de 1603 ? D'abord à la mort de la bonne vieille reine, puis quand notre roi James a été rappelé à Dieu en mars… C'est très étrange…

— Peut-être de funestes mais généreuses comètes sont-elles à l'œuvre pour nous dire quelque chose ? prononce Florio d'un air faussement inspiré, prenant théâtralement la pose. Astres savants qui régnez sur le destin des rois et des hommes ! Guides invisibles de nos aspirations intérieures et maîtres de notre civilisation !

Ou bien cruels esprits supérieurs guidant les desseins titubants, tels des enfançons ou des ivrognes, de notre progrès moral ! Assez ! Vous nous avez suffisamment botté le cul !

Personne ne rit.

— Qui sait si Charles, notre bon souverain, et son Henrietta de France se préoccupent de leur peuple aujourd'hui, hasarde Giulietta avec un pauvre sourire.

— Je t'ai un peu menti tout à l'heure. J'ai beau être loin de la cour à présent, j'ai tout de même mes informateurs. Je sais que le *Privy Council* de Charles a fait remarquer aux juges de paix du Middlesex les dangers terribles de ce fléau. Mon ami Fletcher m'a envoyé une lettre il y a deux jours dans laquelle il m'apprend cela. Il me fait aussi savoir que la peste pulmonaire fait davantage de ravages que la peste habituelle. Et elle est invisible...

— Diable, dit Rose, j'en frissonnerais si j'avais encore assez de forces en moi.

Elle ressert de l'*ale* à sa belle-sœur et à son mari. Puis elle prend une pomme dans le plat d'étain, la pèle avec un couteau, lentement, pensivement, et en découpe des quartiers qu'elle partage entre eux. Les voilà qui mâchonnent le fruit au léger goût de moisi, en silence.

— On dit que les funérailles du roi, en mai, ont encouragé les pestilences à cause des grands rassemblements, fait Rose.

— Il est comique de penser que les fêtes et les parades du couronnement ont été reportées à octobre..., soupire

Florio. La peste est un bouffon cruel. La vanité des puissants a dû s'incliner.

— Elle s'incline à tel point que le roi a dû se marier par procuration à Notre-Dame et laisser Henrietta traverser la Manche pour ne l'accueillir qu'à Douvres !

— Je me rappelle les coups de feu à la Tour et les cloches de la City qui ont sonné pendant sept heures…, fait Rose, serrant ses mains sur sa poitrine, le regard fixe.

— Ne dis pas de bêtises, *my Darling*, tu ne pouvais pas les entendre d'ici.

— Si, ma foi, je les ai entendus. Et les feux de joie dans les rues… je les ai vus aussi…

Florio jette un regard éloquent à sa sœur, puis se penche vers sa femme et pose une main sur son bras. Il sait comme la confluence de l'épidémie et son cortège d'horreurs, avec les réjouissances royales, ont troublé son épouse. Elle ne s'est pas bien remise de cette étrange coïncidence.

— Plus sérieusement, dit-il, une motion à la Chambre des communes de reporter les séances jusqu'à *Michelmas*, la Saint-Michel, a été rejetée. Le roi veut ses subsides pour la guerre contre l'Espagne, mais la Chambre n'est pas pressée de voter.

Giulietta soupire.

— Et dire qu'en « ces Temps de la Visitation de Dieu », c'est comme cela qu'ils disent, les grands jeûnes se suivent : afin de remercier Dieu de l'heureuse succession de Sa Majesté à son père, afin que Sa Divine Majesté soit inspirée pour mettre fin à la peste, et pour octroyer le succès à la flotte contre l'Espagne. Les sermons s'enchaînent à Westminster Abbey, à St. Margaret, dans chaque église paroissiale… le roi, la Chambre haute, les Communes, tous s'y consacrent. Pour rien. Tous ces actes de foi ! Toutes ces vaines prières !

— Le Chaos est sur nous, dit Florio. Les *constables*, les *churchwardens* ont déserté les paroisses. Vous rendez-vous compte ! Les malades et les bien-portants se fréquentent à présent sur les bancs des églises ! Un vrai sabbat ! Les maisons sont pillées ! Le Conseil privé a imploré le Lord Mayor et ses échevins de ne pas abandonner la ville. Et les magistrats jouent les Ponce Pilate. Voilà où nous en sommes.

Rose sort de sa transe.

— Tous à Fulham, depuis que les boutiques sont fermées, souffrent de la famine à présent… Une collecte pour les pauvres va être organisée chaque mercredi. Mais que pouvons-nous donner ? J'ai demandé à Thomasine d'y apporter un peu d'huile et de farine. C'est tout ce que nous avons. Le révérend Goddam m'a dit hier qu'il ne faut plus se dire « bonsoir » ou « bonne nuit », mais « Que Dieu nous apporte une heureuse résurrection ! ».

Ils se regardent en silence, atterrés.

— Alors moi, pour ma part, annonce Giulietta, faussement gaie, voici ce que m'a dit l'apothicaire : il faut porter sur soi des petits *nosegays*, des bouquets d'armoise et de rue des jardins. Et aussi des *pomanders* de senteurs parfumées. Il a aussi des électuaires, à une demi-couronne l'once, des losanges et des pastilles.

Seulement, comment choisir ? On ne peut pas tout acheter.

— Mrs. Whitetalk, la voisine, m'a parlé d'un antidote de Constantinople, préparé par son cousin, intervient Rose. On peut aussi porter un morceau de corde goudronnée près du visage ou des brins d'armoise dans le nez afin de réjouir les sens et préserver le sang… Il y a aussi des trochisques et des dragées…

— Il paraît que les pamphlets, les *broadsheets* et les *corantos*, et même les lettres, sont passés à la fumée afin de les assainir.

— À part nous rendre ridicules, soupire Florio, je ne vois pas bien ce que ces plaisanteries peuvent pour nous.

Un ange passe. Dans une sorte de stupeur, tous contemplent en esprit les images ainsi convoquées. Puis Florio se racle la gorge.

— On m'a dit qu'en ville les riches se sont faits si rares, que les gens, à la vue d'un gentilhomme ou d'un courtisan en habit, croient voir le Juif errant lui-même !

Giulietta et lui éclatent de rire. Rose reste grave.

— Les gentilshommes ont déserté le Strand, Whitehall, les *Inns of Court*, Wesminster, le *Royal Exchange*. Les apprentis et les serviteurs, désormais sans travail, mendient dans les ruelles. Les épiciers ont fui, plus une seule épice à trouver ! La foire de Bartholomew au prieuré de West Smithfield a été interdite, et tous ses plaisirs avec. Pauvre Ben Jonson ! soupire Florio.

— Pourquoi lui ? demande Rose.

— Parce qu'il a écrit une pièce de théâtre qui porte son nom, *La Foire de Bartholomew* ! À Cheapside, on ne peut plus changer une pièce d'or. Les drapiers sont partis aussi. Les seuls à faire des affaires sont les apothicaires, les herboristes, les fabricants de cercueils et les cochers. Pour faire six miles hors de Londres, ils demandent quarante shillings ! Et pour couronner le tout, les églises et les tavernes sont également pleines ! Il y a ceux qui prient jour et nuit, qui chantent des psaumes et qui sanglotent, et ceux qui se moquent désormais de tout ! Le blasphème et le crime ne se sont jamais mieux portés. C'est la vallée des ombres…

— Comme dans la Peste d'Athènes de Thucydide, dit Giulietta. Ils oublient les lois et la peur de Dieu. Il n'y a plus que les plaisirs avant de mourir.

Ils restent tous trois silencieux, pénétrés par ces images. Florio, pensif, se gratte la barbe.

— On me dit qu'à la cour, les salaires ne sont plus versés… Je n'en suis pas étonné. On a même du mal à trouver de l'argent pour les repas des souverains.

Il renverse la tête pour finir son gobelet d'*ale* et marmonne quelques vers :

O, call back yesterday, bid time return ! Oh, rappelez hier, priez le temps qu'il revienne ! (*Richard III,* acte III, scène 2). *J'ai gaspillé mon temps et c'est à présent lui qui me gaspille…* (acte V, scène 5).

Puis il se lève. Je reviens, dit-il. Les deux femmes l'entendent monter à son bureau. Il en redescend quelques minutes plus tard, portant un maroquin rempli de feuillets. Il se réinstalle à la table, ouvre le dossier en cuir et dispose sur la table des affichettes et des feuilles illustrées.

— Ce sont des gravures, des illustrations trouvées dans des gazettes ou des libelles que j'ai collectées. Certaines sont amusantes, d'autres vous font réfléchir. Elles capturent bien, hélas ! l'esprit du temps. Des documents pour les temps futurs, si toutefois ils existent un jour.

Il les étale sur le bois ciré. Sur l'une on voit une femme représentant l'allégorie de Londres, debout, bras écartés devant les murs de la City, avec derrière elle les portes de la ville : « *À moins d'avoir fait votre paix avec Dieu notre Père dans les campagnes, ne passez pas mes portes.* » À côté, un *memento mori*, celui d'un certain Thomas Wright, agrémenté de cadavres et de squelettes, avec les inscriptions suivantes : « *Il est réservé aux êtres humains de mourir une fois, Hébreux* 9.27. *Tel que je suis vous devez être aussi, c'est pourquoi il vous faut vous préparer à me suivre.* »

Sur une plus grande feuille, on voit quatre scènes de peste : des multitudes fuyant Londres par la Tamise en bateau et barge, puis ceux qui fuient par la terre, à pied, à cheval, en voiture, ensuite une procession en route pour la fosse commune, avec porteurs, cercueils, fossoyeurs avec bâton et cloche, et « chercheuses » en robe et chapeau tronqué. La dernière scène est celle de l'inhumation dans la fosse commune, avec les corps placés tête-bêche et la ville à l'arrière-plan.

Une autre gravure montre « *des fuyards s'enfuyant de devant la peste* » : des gens de bien prenant congé de leurs proches et s'entassant dans un carrosse tandis que des bourgeois et leurs enfants marchent sur les routes avec leurs balluchons. La mort, sous la forme de deux squelettes, les accompagne, l'un sur la route à leur côté, l'autre déjà juché sur le marchepied arrière de la voiture. Il n'y a pas d'échappatoire.

Sur la dernière gravure, on voit un sermon à la Croix de Saint Paul, un petit édifice avec un clocher orné d'une croix et agrémenté d'une chaire. Il est dressé dans la cour de la cathédrale, sur une terrasse à laquelle on accède par une volée de marches. La foule se presse devant la chaire pour écouter le prêtre. Tout autour, les hauts murs et la tour carrée de la cathédrale, et, plus loin, une rangée de maisons. Dans la partie haute du dessin, ces mots : « *Seigneur, aie pitié de nous. Pleurez, jeûnez, priez.* »

Giulietta s'est caché le visage dans les mains. Dans le ciel, au-dessus de Saint Paul, une nuée d'oiseaux noirs.

TROISIÈME PARTIE

« Pour notre émerveillement, notre stupéfaction,
Tu bâtis pour toi-même
Un monument pour les temps. »

John MILTON,
On Shakespear, 1630.

"Please recycle me."

« S'il vous plaît, recyclez-moi. »

John FLORIO,
Shoe Lane, avril 2023.

44.

Récit de Benjamin

Andrea et moi étions arrivés la veille à Londres.

C'était folie, mais nous avions finalement décidé d'aller frapper à la porte de l'Histoire, de tenter de rencontrer cet homme qui avait fait de sa dualité un mystère, une énigme. Il nous fallait approcher ce *Doppelgänger*, ce Janus quasiment inconnu du public, dont l'existence *en creux* nous bouleversait.

Être sans doute le plus grand dramaturge de tous les temps et ne jamais se laisser connaître. Se glisser hors du champ des reconnaissances et des approbations, se soustraire aux yeux avides, impitoyables et fanatiques. Se désintéresser de la publication de ses pièces, de ses sonnets. Abandonner sa si belle bibliothèque et ses dictionnaires prodigieux à un destin hasardeux. Quitter ce monde en pestiféré, déchu de ses multiples rôles, de ses nombreuses identités, de ses vies secrètement accomplies, de sa dignité. Avec autour du corps pour seule décoration un drap de lin rapiécé et, pour toute sépulture, une fosse profonde emplie de corps tombés en disgrâce, et d'âmes abandonnées. Y être jeté à la dérobée, par une nuit froide d'automne sans lune.

Pour finir, ne jamais recevoir de pierre tombale ni d'épitaphe qui fasse résonner votre nom.

C'était une histoire en miroir. Quelque chose nous appelait de ce côté-ci et de l'autre. Du côté du chercheur et du côté du recherché. L'ouvrage de l'autre Italien, Scopritori, lui aussi oublié, seul livre rescapé d'un autodafé et qui nous était parvenu d'une manière si incompréhensible, nous sommait de dire, ne serait-ce que murmurer, quelque chose au monde.

Mon camarade avait passé une partie de la semaine précédente à relire le livre de Scopritori un crayon à la main, et à noter les endroits où Florio avait vécu et respiré. Les lieux où il avait pensé et écrit.

— Il est de notre *devoir* de nous y rendre, avait prononcé Andrea, le doigt levé, comme un prophète.

C'était une phrase absurde. Je m'esclaffai.

— Absolument, approuvai-je, ce sera notre antipèlerinage à Stratford-upon-Avon ! L'hommage des Incrédules !

J'étais passé voir des amis non loin de Russell Square. Je tentais toujours d'oublier Juliet. Puis Andrea et moi nous étions retrouvés à Charing Cross à l'entrée du Strand. Nous étions un jour frais et clair, de printemps.

La promenade sur le Strand était toujours impressionnante. On y entrait peu à peu sur les terres de la City. L'immense Somerset House à notre droite, l'église St. Clement Danes au milieu de la rue. C'était le quartier des *Inns of Court* et des *Royal Courts of Justice*. À droite, c'était le *Temple*, l'école de droit avec ses cours secrètes, ses antiques murs moussus et ses petits jardins. C'est dans la salle de Middle Temple Hall qu'une pièce de Shakespeare fut jouée pour la première fois. C'était *La Nuit des rois*. Puis, *Temple Bar*, l'emplacement de l'ancien octroi qui marquait la frontière entre Westminster et la City. Aujourd'hui c'est une colonne surmontée d'un dragon. À l'époque de Shakespeare, si l'on en croyait le *Agas Map*, c'était un bâtiment au toit pentu, érigé en travers de la rue. Le piéton qui passait l'octroi se retrouvait sur Fleet Street. Une poterne en pierre, à sa droite, donnait accès à Middle Temple Lane, une petite rue qui descendait tout droit jusqu'à la Tamise. Un mur séparait la ville du fleuve et une petite porte donnait accès à *Temple Staire*, un escalier qui menait à l'eau. Des *wherries* y étaient amarrés.

— Tu sais que l'église St. Clement Danes a été originellement construite par les Danois, en mille quelque chose ? me dit Andrea. Les Vikings, quoi. Le roi Harold Pied-de-Lièvre y était enterré. Mais son frère Harthacnut l'a déterré et balancé dans la Tamise.

— Je ne vois pas ce qu'il y a de choquant à cela. J'aurais fait la même chose !

— Ha ! Bravo ! Puis Guillaume le Conquérant l'a modifiée.

— Le *Great Fire* a fait le reste, j'imagine…

— Penser que la ville de Shakespeare n'existe absolument plus… *Tutto è scomparso !* Tout ce que Florio a arpenté a disparu.

— Tu oublies la cathédrale gothique de Southwark, sur Bankside.

— *Sì, è vero,* la rive sud a été épargnée.

Avant de parvenir à la cathédrale Saint Paul, nous avons bifurqué à droite et sommes parvenus sur Queen Victoria Street.

— C'est juste un peu plus loin, me dit Andrea. Upper Thames Street, la rue de la Tamise supérieure.

Nous sommes arrivés dans ladite rue, aujourd'hui une méchante voie rapide sans charme qui longe le fleuve.

— Quelle horreur !

— Florio a vécu, lors de ses débuts à Londres, dans les années 1570, dans un immeuble de petits appartements qui s'appelait Worcester Place. C'était non loin de Vintner's Hall.

— Je lis que Vintner's Hall était la maison de la guilde des importateurs de vins, essentiellement de Gascogne. Une confrérie puissante avec d'importants privilèges.

Plus rien aujourd'hui n'indiquait où avait pu se situer l'immeuble de Worcester Place. Mais sur le *Agas Map*, on voyait clairement qu'il se trouvait au bord de l'eau. Il semblait même qu'une partie de l'édifice avait été bâtie au-dessus et qu'un peu de la Tamise pénétrait sous l'immeuble par une arche. Non loin, le quai du sel, Salt Wharf. De l'autre côté de la rue, on déchiffrait Bread Street, Old Fish Street, Garlick Hill.

Une église, St. James Garlick Hythe, St. James du quai à l'ail, se dressait sur notre droite, tour blanche avec une grosse horloge bleue. Sur le trottoir sud, un immeuble moderne néo-classique apparaissait : Vintner's Place, avec un fronton et des colonnes doriques. Une survivance de l'ancienne guilde.

Une autre église, St. Michael Paternoster, du nom de la ruelle adjacente où l'on fabriquait des rosaires. J'imaginais Florio, jeune homme de vingt et quelques années, s'y rendant, avec sa sœur, s'agenouillant dans la pénombre, priant pour que la Providence leur accorde des rencontres fructueuses, des protections, du succès.

Andrea et moi nous sommes assis dans le petit espace arboré devant l'entrée. Soudain, un léger pépiement me fit lever les yeux : un rouge-gorge perché sur une branche du petit arbre nous observait tout en faisant, curieusement insistant, sa petite musique. Un esprit bienveillant ?

Upper Thames Street se terminait un peu après par un quartier miniature composé d'une ruelle, de vieux murs et de quelques maisons : *SITE DE L'ÉGLISE DE LAWRENCE POUNTNEY ET DE L'UNIVERSITÉ DE CORPUS*

CHRISTI, DÉTRUITS DANS LE GRAND INCENDIE DE 1666, mentionnait une plaque bleue.

Le grand incendie, justement. Andrea et moi avons marché jusqu'au *Monument.* C'est une grande colonne dorique posée sur un socle, surmontée d'une flamme d'or, incongrue au milieu des buildings-miroirs triomphants. Elle fut posée là où le grand incendie aurait commencé. Nous tâchâmes de déchiffrer les inscriptions latines gravées sur le socle. Une ancienne mention de 1681 qui disait : « *La frénésie papiste qui forgea de telles horreurs n'est pas encore éteinte* », aujourd'hui effacée, accusait clairement les catholiques d'avoir mis le feu à la ville.

Mon esprit s'évada de la grande catastrophe. Je revins vers les bords de la Tamise et pensai à Giovanni Florio. Celui qui n'avait pas encore écrit son grand œuvre.

Il est jeune, orphelin, il vit avec sa sœur Giulietta dans une demeure divisée en appartements modestes surplombant le large fleuve gris. On imagine le froid et l'humidité constante. Le vent insidieux, les mouvements répétés de l'eau dus aux marées, le cri des mouettes. Lorsqu'il se penche à sa fenêtre, il peut suivre l'incessant ballet des grands bateaux qui accostent au port, apportant des denrées venues du reste du royaume, tissus, fromages et beurre, viandes, mais aussi fruits, vins et ail de France, amandes et fruits secs, huile d'Italie. Certains jours, leurs innombrables mâts forment comme une forêt. Avec Giulietta, ils contemplent rêveusement, sur le quai aux Trois Grues, les hommes en train de décharger les caisses et les sacs de toile grâce aux palans en bois que l'on voit représentés sur le *Agas Map*, des marchands venus prendre livraison de leurs commandes, puis qui les chargent dans des charrettes qui vont remonter Fleet Street vers l'octroi de *Temple Bar* et Westminster et ses palais, ou remonter St. Andrew Hill vers l'ancienne cathédrale Saint Paul pour approvisionner la City. Il y a le vieux quai aux Laines, pour la laine et les peaux, le quai du Goudron et du Savon, le quai Gibson pour le plomb et le fer-blanc, le quai aux Ours pour les denrées arrivant du Portugal, le quai Somers pour les marchandises flamandes.

Puis, au bout d'un temps assez long, étourdis, frigorifiés, ils referment la fenêtre et reviennent s'asseoir dans leur petite pièce mal chauffée. Giulietta fait un peu de ménage et lit. Giovanni, une modeste écritoire en bois rayé et taché sur les genoux, son encrier presque vide, songe qu'il lui faudrait racheter de l'encre chez l'apothicaire. Mais elle est chère, il devrait peut-être la fabriquer lui-même avec du vin, des noix de galle et de la gomme arabique. Puis il réfléchit à son premier volume des *First Fruits*, et jette les idées qui lui viennent sur le papier. Ensemble, ils en discutent. Apporter l'Italie aux Anglais, ces barbares qui ornent l'entrée de leur splendide pont avec les têtes de leurs gentilshommes sur des piques ! Leur faire découvrir la langue et la culture, la *commedia dell'arte*, la musique, le vrai théâtre, autre chose que ces petites pièces de moralité dont ils ont l'habitude. Leur donner Ovide, Plutarque, Dante, l'Arioste, le Tasse, ce doit être possible.

Ce sera leur grand projet.

45.

Récit de Benjamin

Un taxi, son chauffeur imperturbable à l'annonce du nom de la rue, nous avait déposés, Andrea et moi, à l'angle de Fleet Street et de Shoe Lane. L'appellation de la voie n'avait donc pas changé depuis la fin du XVIe siècle ! C'était en soi un miracle. Mais en y effectuant nos premiers pas, nous vîmes comme le lieu ne nous dévoilerait rien de ce qui s'y était joué quatre cents ans plus tôt. Davantage que le Grand Incendie qui avait dévoré le vieux monde originel, la modernité récente avait siphonné tout ce qui en restait, aspirant, comme un béhémoth, vieux pavés disjoints et murs de brique, grilles de fer et seuils moussus, escaliers et tours penchées, pignons pointus et portes cloutées, fenêtres à meneaux et colombages. Puis le monstre avait recraché de l'acier et du verre, du béton, des angles droits, des surplombs audacieux et des surfaces mortes. L'esprit des lieux, ayant combattu pourtant le feu de 1666, puis le Blitz, s'était définitivement enfui. Il n'y avait plus âme qui vive dans cette ruelle vide, faite de murs sinueux en miroirs et qui serpentait mollement sud-nord depuis Fleet Street jusqu'à Holborn Viaduct.

Andrea me regarda.

— J'ai rarement vu mise en scène de l'absence plus réussie.

Un arbrisseau seul et mélancolique poussait dans une jardinière devant un immeuble d'acier. Plus loin, à l'embranchement de la rue avec St. Bride Street, la statue contemporaine d'un homme « éclaté » en mille briques de fer, ouvert à tous les vents. Déconstruit ? En état de décomposition ? Abritée sous une façade en surplomb, une bibliothèque, Shoe Lane Library.

Où diable Florio avait-il pu habiter ? De quel côté de la rue ? À quelle hauteur ? Où le champion de la culture humaniste italienne dont le principal mécène avait été Robert Dudley, comte de Leicester, logeait-il ? Où l'ami, l'amant peut-être, qui sait, de Henry Wriothesley, troisième comte de Southampton, avait-il eu sa maison ? Où le tuteur de John Lily, Fulke Greville, Edward Dyer, Stephen Gosson, Emmanuel Barnes, et de nombreux rejetons de la noblesse, le courtisan d'Élisabeth et l'espion de Mauvissière, l'ambassadeur de France, ainsi que de Francis Walsingham, le secrétaire privé de la reine Anne, le tuteur de ses enfants, l'ami de Giordano Bruno et de Ben Jonson, de Philip Sidney et d'Edmund Spenser, avait-il eu son étude ?

Où le précieux linguiste, philologue, polyglotte, poète et sans doute dramaturge écrivait-il son œuvre ?

Une soudaine et radicale averse interrompit nos questionnements et nous obligea à nous réfugier sous la voûte d'un immeuble très laid. Nous laissâmes passer le rideau de pluie drue, contemplant la rue soudain noyée dans une brume aquatique réfléchie dans les implacables façades à miroirs. Puis l'averse s'arrêta.

Maussade, je me remis en route, tête baissée, enjambant les flaques. Nous sommes montés un peu plus haut dans St. Andrew Street, jusqu'à St. Andrew Courthouse et l'église St. Andrew Holborn où Florio avait fait baptiser deux de ses enfants et peut-être épousé Rose, sa deuxième femme. Nous trouvâmes là un îlot du passé bienvenu, vieux murs, tours, joli jardin de l'église avec une procession de vieux bancs entourant un tranquille quadrilatère vert. En face, dans Shoe Lane, un ensemble perdu de maisons anciennes, certainement postérieures à l'Incendie, mais tout de même inspirantes : elles se serraient les unes contre les autres vaillamment, comme des maisons hollandaises en brique noire et pignons pentus, luttant sans espoir contre l'adversité. Derrière elle, on apercevait le clocher carré et les quatre drapeaux d'or de l'église.

Andrea m'a invité à nous asseoir sur un banc dans le jardin de l'église, mais il était trempé. Alors il m'a lu, debout, les résultats de ses recherches.

Shoe Lane ou Shoe Alley, se situait autrefois juste en dehors des murs de la City, à l'ouest. Au sud de la rue fut construite une conduite, dans Fleet Street. Les frères dominicains, les *Black Friars,* s'installèrent en face de St. Andrew au XIIIe siècle. Plus tard, aux XVIe et XVIIe, la guilde des orfèvres possédait des *tenements,* immeubles de rapport, dans la rue. Quelques années après la mort de Florio, un nouveau *cockpit,* une arène pour combats de coqs, avait été construite tout près. Puis la voie fut réduite en cendres lors du Grand Incendie et reconstruite. Thomas Chatterton, le jeune poète romantique suicidé, fut enterré dans une fosse commune près de la *Workhouse* de Shoe Lane, la terrible prison de travail pour les pauvres, au XVIIIe siècle.

Malgré ce que son nom pourrait suggérer, Shoe Lane ne ferait pas référence à une fabrique de chaussures ou à des cordonniers. Un puits du nom de *Sho Well,* ou peut-être un terrain du nom de *Shoeland Farm,* en forme de chaussure, serait la réponse. Cette voie remontait à un temps où Londres était encore constitué de champs et de pâturages.

— Bon, dis-je, tout cela nous fait une belle jambe.

De mauvaise humeur devant si peu de vestiges de quoi que ce soit, je me levai et sortis de ma poche un petit fascicule de sonnets de Florio en italien et en anglais que j'avais déniché sur internet et apporté avec moi. Je le feuilletai puis le passai, ouvert à une certaine page, à Andrea.

— Tiens, lui intimai-je, lis.

Obéissant, il lut tout haut quelques vers de *La Ninfa del Tamigi*, « La Nymphe de la Tamise » :

Fuggiva homai dalle noiose piume,
Désormais fuyant l'ennuyeux duvet
Du jaloux Titan, l'aube rougeoyante
Répandait déjà ses gouttes de rosée
Sur la vaste famille de verts végétaux...

Je n'avais pas saisi grand-chose, mais cela n'avait pas d'importance. Puis, à mon tour, je me postai au milieu de la rue et me mis à lire à haute voix des vers en anglais.

Concerning the honour of books
De l'honneur des livres

Puisque l'honneur naît de celui qui honore,
Comme ils sont méritants ceux qui se souviennent
Et inscrivent dans les livres pour la postérité
Les noms des valeureux et de leurs belles actions ;
Quand toute leur gloire, sinon, comme des herbes de rivière
Privées de leur élément, meurt,
Et toute leur grandeur s'en retrouve oubliée.

Comment et quand ils prospérèrent il n'y a plus homme pour s'en soucier !
Comme les statues, les tombes et autres monuments
Érigés par les hommes aux princes sont de piètres souvenirs
Qui restent dans des chambres closes
Où seuls quelques-uns les contemplent, par respect
Des livres qui, au regard de tous,
Montrent comment ils vécurent. Les autres où ils sont morts.

Ô toi, Resolute John Florio, ajoutai-je à l'adresse de l'air humide de la rue, arlequin des lettres, amateur de proverbes, traducteur de Montaigne, éternel exilé, Juif de fibre et de regard mais protestant de cœur, homme de mille querelles, poète multilingue capable d'écrire des sonnets italiens pétrarquiens et des pentamètres iambiques en anglais, sache que je pense à toi avec affection et admiration.

Quelques instants plus tard, alors que nous redescendions la rue en direction du sud, au beau milieu du vide hygiénique et policé, je trouvai par terre une solitaire capsule de bouteille rouge en plastique. Je la ramassai : un texte imprimé en blanc dessus disait : *Please recycle me.* Il me plut de prendre cela pour une intervention de Florio qui, depuis l'autre monde, s'amusait de nos efforts et peut-être même s'en réjouissait. Avec l'humour qui le caractérisait et son sens de la modernité, il nous demandait de le faire connaître, de le remettre dans la grande boucle des affaires humaines. En bref, de le recycler…

Après notre célébration poétique un peu absurde, nous nous sommes rendus dans un vieux pub pour boire quelques bières et soigner notre mélancolie.

46.

Récit de Benjamin

Il ne nous restait plus qu'à nous rendre à Fulham.

— *Dov'è questa città incomparabile ?* Où se trouve cette ville incomparable ? demanda Andrea, en mastiquant son *English breakfast* trop riche.

Il laissa le bacon et les *baked beans* et se concentra sur le café.

— Vers l'est, à une demi-heure de *tube*, tout au plus. Facile.

— Qu'est-ce qui te fait croire qu'on y trouvera quelque chose ? Jusqu'à présent la récolte a été plutôt maigre.

— Écoute, ce n'est pas comme si nous allions à Jérusalem ! Et puis notre quête est d'une folle originalité. Qui, aujourd'hui, peut se targuer de rechercher des traces de Shakespeare dans une banlieue résidentielle de Londres ? Et puis, n'est-ce pas toi qui nous as embarqués dans cette histoire, avec le journal, puis le livre de

Scopritori ? Alors assume ! Allez, il nous faut faire un dernier *leap of faith* ! Un acte de foi.

Il émit un petit ricanement et finit son café. Ce matin, c'était lui qui avait besoin d'un peu de foi. Je m'agenouillai dans la salle du petit déjeuner, devant lui, et joignis les mains en signe de prière. Je devais avoir de la croyance pour deux ! Je réussis à le faire rire.

Nous avons pris la *Central Line*, puis la *District Line*. C'était étonnamment simple. Sortis à la station de Putney Bridge, nous avons demandé à une charmante employée du *tube* comment rejoindre Palace Road d'une part et le lac d'autre part. Elle nous a indiqué le chemin à suivre.

Fulham était une petite ville agréable au bord de la Tamise, en aval de Londres. Après quelques minutes de marche sous un ciel gris et bas, nous avons trouvé Fulham High Street. Assez large et passante, elle était construite des deux côtés, immeubles en brique, restaurants, pubs, *The Temperance*, *The Lion* et *King's Arms*. Puis, après un carrefour, la rue changeait de nom et devenait Palace Road. Anciennement Bear Street, la rue de l'Ours. C'est là, dans cette voie, que Florio vécut les dernières années de sa vie.

C'était une rue plus tranquille, plus provinciale, longue et construite seulement d'un côté. Des maisonnettes modestes, avec deux étages et des bow-windows qui couraient tout le long. Certaines étaient badigeonnées de blanc ou de rose. Elles étaient regroupées par deux et avaient pour noms pompeux : *Montrose House* et *Rosebury House*, ou *Grandville House* et *Churchill House*, ou encore *Bedford House* et *Lancaster House.* Bien sûr, rien de Renaissance, Tudor ou Stuart là-dedans, il s'agissait de constructions victoriennes, de la fin du XIXe. Les antiques maisons avaient disparu.

De l'autre côté de la rue courait Bishop's Park, le jardin de l'Évêque de Fulham qui bordait la Tamise, entourant son palais de style Tudor. Il cachait l'un des plus anciens jardins botaniques d'Angleterre. J'ai entraîné Andrea faire quelques pas dans le parc. Nous avons suivi une allée sous les arbres. Soudain, un homme habillé d'une redingote sombre, le profil aquilin et les cheveux poivre et sel, nous a croisés. Il marchait l'air absent, les mains dans le dos, comme s'il réfléchissait à quelque postulat philosophique. Son regard a croisé le mien, à la fois vague et pénétrant, comme fixé sur quelque chose au-delà de nous. Je donnai un coup de coude à Andrea, faillis m'arrêter, mais me contentai de le suivre des yeux. C'est à ce moment que la pluie s'est mise à tomber, torrentielle.

Nous avons battu en retraite, à regret, laissant cette rue banlieusarde dont tous les anciens repères avaient été effacés, qui ne disait plus grand-chose de l'histoire de Florio, à part peut-être la vision d'une sorte de long chemin le long d'un jardin, avec des maisons d'un seul côté. Florio, lors de ses dernières promenades amères, avait certainement contemplé les jardins de l'Évêque, son palais, les prés tout autour. Il avait sûrement suivi l'axe de cette rue, longé le parc, loin de la rumeur de Londres et de ses douloureux plaisirs. On ne pouvait s'empêcher d'y voir un endroit retiré, loin de tout. L'exil de l'Italien n'en prenait que plus de réalité.

Il nous fallut remonter High Street et revenir à la gare. La pluie avait cessé. De là nous avons pris le chemin opposé et, attirés par un *footpath*, un chemin piétonnier tout de verdure et de palissades, vers la Tamise, nous l'avons suivi.

Tout à coup le fleuve fut là, immense et large, opaque et plombé sous un ciel nuageux aux longs plumets ardoise. Le pont de Putney passait juste au-dessus de nous. Un violent vent d'avril soufflait si fort que nous tenions à peine debout.

— J'ai l'impression d'être dans une lessiveuse, a dit Andrea. *Fa un freddo cane !* Il fait un froid de chien. Comment font ces Anglais ? Quelle idée pour un Italien de venir s'établir ici !

— Oui, le monde de la Tamise est un monde à part.

— Les Nymphes de la Tamise ! Tu parles !

— Repli ! ordonnai-je.

Nous sommes repartis vers la dernière étape de notre visite. Passés sous le pont, nous avons marché jusqu'au lieu-dit de Hurlingham. Sur le chemin, les jolies maisons et les immeubles de briques cossus, aux grilles ornées, aux noms chics, comme *Hurlingham Court*, ou *Rivermead Court*, se succédaient. J'avais lu que des Londoniens fortunés choisissaient de s'installer ici, loin du centre-ville de Londres, pour profiter d'une belle qualité de vie.

Finalement, au bout d'une rue est apparue le *Hurlingham Club*. Il avait été créé en 1869. Sa grande grille de brique et de fer était gardée. Derrière, un paysage de pelouses, d'arbres. Un lac.

— Ah, ah…, fis-je.

Je m'approchai de l'entrée et tentai de parlementer avec les deux gardiens. J'étais un écrivain français qui écrivait un ouvrage historique sur Londres et sur Fulham. Je désirais entrer quelques minutes pour visiter les lieux. Hélas ! c'était un club très privé et, sans carte de membre, c'était absolument impossible. Je les interrogeai sur les activités proposées. Du tennis, du cricket, de la natation…

Pour finir je leur arrachai la permission de pénétrer de quelques mètres seulement au-delà de la grille et de prendre des photos. Andrea faisait grise mine.

Nous avançâmes de quelques foulées et tentâmes d'apercevoir le lac. Derrière un parterre de jonquilles on devinait, en se tordant le cou, un petit pont de bois blanc qui enjambait ce qui ressemblait à une pièce d'eau. Au loin, ce qui devait être un clubhouse, à droite, des terrains de tennis. J'avais lu que ce lac avait été créé de toutes pièces tardivement, dans un bras de la Tamise.

Je coulai un regard vers Andrea. L'instant était solennel.

— C'est là, dis-je.

— En effet.

— Difficile à croire.

— *Sì*, fit Andrea avec une moue.

— Difficile de croire que par là se trouvait une *pest-house*, une maladrerie, où les contaminés, les mourants étaient emmenés pour expirer loin des vivants, et où les morts étaient entassés dans leur suaire de lin en attendant qu'on les descende dans la fosse pleine de chaux.

— Fosse qui se trouvait là où se trouve aujourd'hui le lac ?

— Apparemment.

— Donc, sous cette eau se trouvent les restes des pestiférés de 1625.

— Oui. Et… les restes de qui-nous-savons.

— Florio-Shakespeare, annonça Andrea.

— Oui. Et peut-être aussi de Rose. (Et de Giulietta, la pauvre, pensai-je en moi-même.) Et personne aujourd'hui parmi les membres privilégiés de cet honorable country club ne se doute le moins du monde de cette histoire.

Après un moment, nous sommes repartis, ébranlés, songeurs.

En face de la gare, un petit établissement modeste, au vieux store passé et aux vitres poussiéreuses, le *River Café*, nous a fait de l'œil. Dans la vitrine des céramiques italiennes. Étrange. L'intérieur était décoré de carreaux de faïence bleus et blancs, et des vues d'Italie, les Dolomites, Venise, étaient encadrées de carreaux bleus. De vieilles tables en formica et des chaises en bois, un carrelage au sol de petite mosaïque, des écharpes de clubs de foot italiens et des affiches « CAMPIONI DEL MONDO ». Andrea s'adressa à eux en italien. Il en ressortit qu'ils étaient de Parme et d'Udine. Mais ils servaient de la vraie cuisine anglaise, précisa la femme, comme si elle craignait d'être soupçonnée de quelque infidélité.

Nous nous installâmes et commandâmes un thé, du café et des frites.

Cet accueil italien avait quelque chose de magique. Outre la gentillesse de la famille entière, la musique de leur italien tandis qu'ils travaillaient et discutaient ensemble, la simplicité populaire du lieu, les frites délicieuses, les habitués italiens eux aussi, cette parenthèse linguistique et culturelle tenait du miracle. Florio, soudain, toujours curieux d'observer le peuple, fasciné par sa langue, venait s'attabler parmi nous !

Comment ce café, précisément, avait-il pu être là pour accueillir notre quête et notre émotion, presque au bout de la ligne de métro, au milieu de nulle part, face à une gare de banlieue perdue sous la pluie ? Pourquoi cette enclave italienne authentique et merveilleuse, si près des restes de Florio ? Un morceau de la Péninsule qui s'enorgueillissait de servir – comme lui servit jadis de la culture anglaise authentique enrichie d'italien – de la vraie cuisine anglaise, mitonnée d'Italie. Comment ce petit bout d'exil balançant entre deux cultures avait-il atterri ici ? La coïncidence, la *casualità*, comme dit Andrea, était si belle.

Lorsque nous les quittâmes, ces Italiens, je leur demandai leur carte. Ils n'en avaient pas. Le jeune fils de la famille, adorable, voulant à tout prix nous aider, chercha longuement quelque chose dans un tiroir, puis le trouva. Enthousiaste, il nous tamponna l'addition d'un vieux tampon d'encre violette qui avait au moins quarante ans, avec un sourire désarmant. Nous promîmes de repasser les voir un jour.

Notre journée étrange s'en trouva à jamais ensoleillée.

47.

Récit de Benjamin

Avant de repartir pour Paris, Andrea et moi avons fait un saut à l'église catholique de Farm Street. Comme nous étions le Vendredi saint, les statues étaient voilées de violet. L'effet était saisissant.

— C'est une église jésuite, fis-je remarquer. Néo-gothique.

— Ceci explique cela. Mon Dieu, toutes ces querelles religieuses…

C'était un très bel édifice, consacré à l'Immaculée Conception, très orné avec des chapelles et de beaux vitraux. Puis nous nous sommes assis dans le jardin de Mount Street, juste derrière, un endroit que j'affectionne. Une longue rangée de bancs tout le long de la longue allée, de vieux arbres, de jolies maisons en brique, aux pignons ouvragés, vous donnaient une curieuse impression de faire un saut dans le temps et de se trouver dans un béguinage en Flandre.

— Alors, dis-je, quelles conclusions tirer de tout ça ? À part le caractère surréaliste de ce pèlerinage…

— *Vuoi parlare di Florio ?* Il me semble que Scopritori n'a pas fait que dire ce que beaucoup pensent depuis longtemps, c'est-à-dire que l'homme de Stratford-upon-Avon n'a jamais été Shakespeare le dramaturge. Il a fait entrer Florio de plain-pied dans l'Histoire. Ainsi que l'Italie. L'Italie est mise sur le devant de la scène ! Elle tient le premier rôle ! C'est elle qui joue et qui s'exprime dans les pièces. C'est l'Italie qui parle et transforme les idées, et ensemence la langue. C'est l'humanisme italien qui est à l'œuvre pour irriguer la langue et la pensée anglaises ! *È sbalorditivo !* C'est renversant ! Et le judaïsme, en arrière-plan. Comme un *sfumato* primordial, impossible à ignorer.

— Oui, et ça change tout ! Pourtant ils étaient nombreux, et depuis longtemps, à avoir eu des doutes : Dickens, Mark Twain, Borges, Henry James, le poète américain Walt Whitman, Charlie Chaplin, Daphne Du Maurier, le grand acteur shakespearien Sir John Gielguld, George Steiner, etc. Ils savaient tous que le vrai Shakespeare restait à trouver. *The man to fit the shoes.* Celui qui pourrait répondre à tous les critères.

Nous avons bu une tasse de thé versée d'un thermos, en silence, sur notre banc, dans l'échappée magique, hors du temps, du jardinet de Farm Street.

— Allez, dis-je finalement à Andrea, en lui administrant une tape dans le dos, il faudra qu'on trouve une citation de Shakespeare qui glorifie le doute !

— Je peux t'en trouver une chez Dante, si tu veux ! *Autant que savoir, douter me plaît…*

— Parfait. À présent redevenons des types ordinaires, sans exigence, sans idéal. Tout cela m'a épuisé !

Nous sommes rentrés à Paris le soir même. Andrea devait rester chez moi deux jours avant de prendre son avion pour Rome.

Une lettre d'Alida nous attendait dans ma boîte. Elle nous apprenait la mort de sa mère, Monica. Monica Ceccaldi, la nièce adorée de Scopritori, que nous avions vue dans son appartement vieillot du corso Umberto Ier à Turin, disparue à l'âge de quatre-vingt-quatorze ans.

Andrea, malgré l'heure tardive, composa le numéro d'Alida. Je l'entendis discuter avec elle tandis que je nous préparais rapidement quelque chose à manger. *Mi dispiace, mi dispiace*, l'entendais-je articuler, *condoglianze…*

Mon camarade revint dans la cuisine.

— Elle est morte sans souffrir, dans son sommeil. Quelle bénédiction ! Alida m'a dit combien notre visite lui avait fait plaisir. Que nous puissions nous intéresser à son oncle, à son travail, c'était pour elle un signe de quelque chose d'important. Alida nous laisse le livre, elle nous l'offre, elle dit que c'est ce qu'aurait voulu Monica.

— Pardonne-moi, mais je trouve ça magnifique. Tu lui as dit que nous revenions de Londres ? Que grâce à elle nous avons pu marcher sur les traces de Florio ?

— *Sì, certo,* je lui ai tout raconté. Elle est heureuse. Et la jolie Adriana nous salue aussi.

J'ai fait une grimace.

— Est-ce qu'il faut aller à l'enterrement ? Je les ai en horreur.

— Non, ce sera demain, juste la famille. Pas la peine.

— Tant mieux ! *Le monde entier est une scène et tous les hommes et les femmes ne sont que des acteurs. Ils ont leurs sorties et leurs entrées !* (*Comme il vous plaira,* acte II, scène 7).

— *Ebbene sì !* Et le travail de Scopritori n'aura pas été tout à fait vain. Puisque nous avons mis la main sur son unique livre et lu ce qu'il avait à dire au monde.

Andrea se leva et alla chercher le vieux volume dans sa valise. Il le posa avec affection sur la table. Nous avons contemplé l'ouvrage à la couverture de papier brun clair, entourée d'un mince filet noir, à la reliure un peu effritée : *Storia di Giovannni Florio,* et dessous, en plus petit, *La vera identità di William Shakespeare rivelata*, Leonardi, Torino.

— Sacré cadeau, dis-je. J'espère au moins que là où il se trouve, il est satisfait !

— On ne sait toujours pas qui il était vraiment. Un employé des assurances Generali ou un *docente*, un professeur de littérature anglaise de l'université de Turin.

— Un agent double ? Un dissimulateur ?

— Un farceur ? Un passe-muraille ?

— Un dramaturge de sa vie…

Je nous ai servi du vin. Nous avons bu à la mémoire de la petite nièce chérie et à celle de son mystérieux *zio*, à nouveau réunis.

48.

Récit de Benjamin

— Tu sais, dis-je à Andrea, tandis que nous marchions une fois de plus, quelques semaines plus tard, dans les jardins des Tuileries, j'ai relu *Le Marchand de Venise*... C'est une pièce pleine de rage. De rage et de religion.

Nos pas soulevaient la poussière blanche des allées.

— Et de désir de vérité.

— Absolument. J'ai fait quelques recherches. C'est un texte infusé des leçons de l'Ancien et du Nouveau Testament. Les élisabéthains, il est vrai, avaient une fréquentation quotidienne des Textes saints. Prière du matin le dimanche, prière de l'après-midi et du soir, *Prayer Book*, Épîtres, Psaumes, en vers et en prose, *Proverbes*, *Écclesiasticus*, et j'en passe...

— *Écclesiasticus* ?

— Oui, on l'appelait aussi *Le Livre de Ben Sira*, un commentaire apocryphe inclus dans la Bible de l'époque Tudor. À l'église, on lisait la « Bible des Évêques », une édition *in-quarto* de 1584. Chez eux, les gens utilisaient une autre Bible, celle de Genève, écrite par des exilés en 1560. Elle était compacte et lisible, car imprimée en caractères romains, et peu chère, c'était celle en usage dans les foyers. Ensuite, le roi James a fait compiler sa propre Bible en 1611, moins radicale et séditieuse, moins dangereuse, semblait-il, pour l'ordre monarchique. Florio a aussi connu celle-là. Mais la connaissance biblique de l'auteur de l'œuvre de Shakespeare était exceptionnelle, elle allait au-delà de l'usage habituel. Celui qui a écrit *Le Marchand de Venise* connaissait tous les textes à l'endroit et à l'envers, on le sent inspiré par le *Livre des Patriarches*, il sait tout.

— Comme l'eût été le fils zélé d'un certain Michelangelo, théologien protestant de parents juifs convertis, peut-être ?

— Sans doute.

— *Magari…*

— Shylock, comme Florio, a le sentiment profond d'être à part, unique sur son rocher de pensée. Seul, en dehors de la communauté des hommes. C'est comme s'il avait eu accès à toute la connaissance. Et il se dresse contre les Gentils de Venise, les grands marchands, les *patrizi*, les docteurs de la Loi, il demande vengeance, réparation pour l'humiliation sans cesse subie, il devient chrétien dans sa violence, poussant les paradoxes chrétiens, haine et charité, ainsi que la loi, jusque dans leurs retranchements. Il leur reproche de posséder des esclaves ! Il se moque d'eux.

— Et bien sûr à la fin il est défait. Vaincu.

— Bien sûr. Nous sommes dans un monde chrétien, implacable. L'auteur sait qu'il ne faut pas l'oublier. Et qu'il lui faut rester *under cover,* dissimulé…

Nous arrivions aux statues de marbre blanc, près du bassin. J'ai avisé un banc et nous nous y sommes assis. Andrea a soupiré, contrarié, en contemplant ses derbies noirs, normalement rutilants, leur lustre voilé par la poussière. Puis les a méthodiquement frottés avec un mouchoir en papier pour les faire à nouveau briller. J'ai ri.

— La poussière des siècles. Ne me dis pas que vous n'avez pas ça en Italie !

Il a haussé les épaules.

— *In Italia, abbiamo tutto,* en Italie on a tout. Tu as vu, même Shakespeare.

Nous nous sommes tus un moment. Les touristes passaient devant nous dans un flot sans cesse renouvelé, un fleuve indifférent hérissé de téléphones portables dernière génération, chacun capable de faire sauter la planète entière ou de nous rendre immortels, ou définitivement stupides et vulgaires, sans mémoire, pensai-je. Et Andrea et moi étions ces deux intellectuels inutiles, naufragés sur un banc, tâchant de comprendre ce qui s'était joué il y avait quatre siècles, autour d'une œuvre qui irradiait encore aujourd'hui. Mais pour combien de temps encore ?

— Et toi ? demandai-je à nouveau, brusquement inspiré, à mon camarade, qui est ta Juliette ? Tu n'en dis jamais rien…

Andrea eut une seconde d'hésitation. Il me regarda dans les yeux.

— Ma Juliette s'appelle Vittorio.

Il me fixa avec un sourire, amusé de son effet. Je restai interdit. Il se mit à rire.

— Je ne savais pas, dis-je, maladroit. Je ne pensais pas… tu as vécu des années avec Paola… tu n'as jamais laissé entendre la moindre inclination…

— Personne ne peut dire ce qu'est l'amour, *no* ? dit-il, comme pour clore le sujet.

Je fixais derrière, non loin, la statue du *Serment de Spartacus*, l'esclave supplicié et mourant, appuyé sur le jeune Spartacus qui le soutient avec tendresse, la grâce de leurs deux corps masculins aux lignes si belles, si travaillées, si parfaitement imbriquées. Je fis un sourire à Andrea.

— *Allora*, m'a demandé soudain mon vieil ami, comme le résultat d'une connexion secrète entre ma vision esthétique et son cerveau, et Juliet ?

— Quoi donc ?

— Tu as des nouvelles ?

— Elle m'a finalement écrit.

— Non ! *Incredibile !* Alors il faut pratiquer la *sprezzatura*, la nonchalance savamment étudiée. C'est ce qu'il faut faire ! Ne te précipite pas.

— C'est plus difficile pour nous autres, les non-Italiens…

— *Figurati !* Penses-tu ! Je te montrerai ! Tu as besoin d'une bonne leçon en *sprezzatura*, je m'en aperçois aujourd'hui. (Il m'a fait un clin d'œil.) Et qu'est-ce qu'elle te dit ?

— Tu vas rire. Elle est toujours au Danemark. Mais elle participe à une production du *Songe d'une nuit d'été* dans un théâtre à Elseneur... Elle fait de la mise en scène.

— L'Elseneur de Hamlet ?

— Celui-là même. Là où est le château de Kronborg. Là où Hamlet rencontre le spectre. Cet endroit semble signifier quelque chose pour elle. Une histoire d'amour irréalisable. De fantômes.

— Alors la boucle est bouclée. Seulement, ne me demande pas laquelle, je n'en sais rien ! Elle va revenir vers toi ?

— Possible, qui sait.

— *Sì, sì,* quand elle en aura fini avec ses entrechats amoureux, dans les bois pleins de lucioles et de *fate*, de fées, avec Obéron, Titania et Puck.

— Je comprends tes allusions, tu sais. Je sais qu'elle est jeune.

— *Sì*, elle est jeune. Et toi tu es vieux.

— Personne ne peut dire ce qu'est l'amour, Andrea, répétai-je avec un sourire.

Une petite brise annonciatrice du soir s'était levée. Il commençait à faire frais. Bientôt les jardins retourneraient à leur silence minéral, laissant les statues entre elles, poursuivre leurs conciliabules. J'avais toujours imaginé qu'elles se disaient des poèmes les unes aux autres, appris par cœur au cours des siècles. Je fis un signe à mon camarade et nous nous levâmes, pour nous diriger, à pas traînants, vers la Concorde et la sortie.

— Il y a une autre personne dont je peux te parler, si tu veux, ai-je dit, après une hésitation. Une autre Juliette, tu sais bien…

Andrea m'a regardé, un sourcil levé.

— Je l'ai imaginée. Elle m'a tenu compagnie ces derniers mois. Elle est très douée. Elle se tient seule dans les méandres du temps, nulle part et partout à la fois, rêvée de moi, mais oubliée et réduite au silence. Elle n'a pas eu le droit d'exister. Heureusement elle a un frère.

— Une sœur et un frère… C'est ta Giulietta ?

— Oui, c'est elle. J'ai imaginé qu'elle avait écrit l'œuvre avec Florio.

Andrea n'a pas sourcillé, aucune expression moqueuse n'est passée sur son visage. Il m'a juste regardé.

— *Va bene*, tu vas me raconter ça.

Nous avons continué notre conversation, en direction du couchant. Le ciel au-dessus de la Concorde était strié de mauve. Des hirondelles volaient bas et criaient plaintivement. La librairie anglaise WH Smith, avec ses éditions de classiques en poche, ses Jane Austen, ses Virginia Woolf et ses revues, restait encore ouverte, même si l'atmosphère d'autrefois l'avait désertée.

Les derbies noirs cirés d'Andrea étaient de nouveau couverts de poussière de marbre blanche. Ou de celle des siècles. Mais il ne s'en aperçut pas, une lueur curieuse dans l'œil, il m'écoutait, attentivement.

ÉPILOGUE

« Quand elle rêvait tout haut du Burgtheater et qu'on lisait Shakespeare ensemble… »

Elias Canetti, *La Langue sauvée. Histoire d'une jeunesse, 1905-1921.*
Traduit de l'allemand par Bernard Kreiss.

Nous avons tous, j'imagine, notre propre relation à Shakespeare et à son œuvre. Comme un rapport à une sorte d'élection, car comme toute grande œuvre, elle s'adresse à nous seul. La mienne, modeste et nécessairement subjective, commença dans l'enfance, lorsque, visitant comme souvent l'Angleterre avec mes parents, nous fîmes une halte à Stratford-upon-Avon, la ville natale du soi-disant « Barde », du « Cygne de l'Avon »… Le pèlerinage était nécessairement un must, un préalable à toute idée de culture pour tout anglophone, et nous l'étions tous les trois. J'ai encore à ce jour dans mon bureau deux petites reproductions en porcelaine, une de la maison d'enfance de l'homme de Stratford et une du cottage d'Anne Hathaway, son épouse. Elles ne m'ont jamais quittée.

Poursuivant le rituel immuable commencé alors que je ne parlais pas encore, mon Américaine de mère s'asseyait, chaque soir, sur le bord de mon lit et me lisait à voix haute les grands classiques de la littérature anglaise et américaine, m'encourageant à les lire à mon tour. C'était là, il faut bien l'avouer, le seul « lieu » où nous pouvions nous rencontrer véritablement, les autres étant parsemés d'amour contrarié et de pièges. Inévitablement nous lûmes des pièces de Shakespeare, l'une et l'autre à haute voix. *Hamlet*, *Henri V*, *César et Cléopâtre*. « *We few, we happy few, we band of brothers* » et « *Friends, Romans, countrymen, lend me your ears !* » furent parmi les répliques adorées que nous déclamions, jusqu'à ce que mon père passe la tête dans l'encadrement de la porte de ma chambre pour ramener ma mère à la raison, car il était presque minuit et j'avais cours le lendemain.

Lorsque, à vingt et un ans je quittai le domicile familial, ma mère, peu encline à me prendre dans ses bras ou à me donner le moindre conseil pratique, me tendit un jour solennellement une édition complète des œuvres de Shakespeare parue chez Cambridge University Press, pièces, poèmes épiques et sonnets, reliée en vert et magnifiquement imprimée sur papier bible. Tu ne peux pas décemment quitter la maison et affronter « the big bad world », me dit-elle, sans cela.

Ma mère, adoratrice fervente de l'œuvre, se rendit chaque semaine et pendant des années à son « cours Shakespeare », quelque part dans le cinquième arrondissement, où, sous la houlette d'un professeur émérite en *shakespearologie*, une discipline particulière qui tient de l'initiation patiente à une langue disparue, du déchiffrage – même pour des anglophones –, et de la révélation, elle étudia et décortiqua les pièces les unes après les autres. Nous en parlions fréquemment.

Lorsque je découvris, il y a deux ou trois ans de cela, *John Florio alias Shakespeare*, l'extraordinaire ouvrage de Lamberto Tassinari, qui a tant fait virevolter mon imagination et inspiré ce roman, je fis part de mon enthousiasme à ma mère et lui en offris un exemplaire. Je me souviens de lui en avoir lu des passages, chez moi, tandis que nous prenions le thé. À sa mort, quelques mois plus tard, je le retrouvai dans ses affaires. Elle avait réussi, malgré ses terribles problèmes de vue, à en lire à peu près la moitié et l'avait fiévreusement annoté. La possibilité que Florio, un Italien d'origine juive, soit Shakespeare, occupait son esprit, y créant un espace d'intérêt intense, presque une exaltation.

Elle nous a quittés pendant la rédaction de ce livre et j'héritai, bouleversée, de ses éditions de *The New Cambridge Shakespeare*, elles aussi passionnément annotées par ses soins. Sans l'ombre d'une hésitation je sauvai l'entière bibliothèque Shakespeare de ma mère que je rapportai chez moi. C'est marchant dans ses traces, parmi ses notes, ainsi que celles de mon père dont je retrouvai des cahiers de jeunesse consacrés à ses études anglaises, prenant les miennes à côté, que je terminai ce livre, en proie au deuil et à une sorte de vertige, les sentant parfois regarder par-dessus mon épaule. Je savais que ce projet d'écriture les aurait passionnés tous les deux au plus haut point.

Lorsque j'avais ouvert pour la première fois le livre de Lamberto Tassinari, un curieux détail m'avait interpellée dans les remerciements. J'avais découvert le nom de mon ancien professeur d'italien, un auteur et un fin lettré. Il y figurait en tant qu'ami et conseiller de l'auteur !

Pour finir cette liste de « synchronicités », voici une histoire presque trop singulière pour être vraie.

En 1980, mon futur mari, qui dirigeait une collection dans laquelle il publiait des textes d'auteurs latino-américains, reçut des mains d'un agent littéraire un ensemble de textes inédits – nouvelles et poèmes – du grand auteur argentin Jorge Luis Borges. Il décida d'en constituer un recueil, retenant pour titre celui de la nouvelle principale, « La mémoire de Shakespeare ». C'était une histoire dans laquelle un certain Herman Soergel, érudit spécialiste du Barde, accepte de Daniel Thorpe, un major britannique de retour du Pendjab, la véritable mémoire du dramaturge anglais. Magnifique et étrange nouvelle ! Le livre fut donc fabriqué en 1981. Cependant, à la dernière minute, l'éditeur habituel de Borges eut vent de l'initiative et empêcha la sortie du livre. La suite est toute borgésienne. Ne resta de ce projet qu'un seul exemplaire de cette « Mémoire de Shakespeare », traduit par mon mari, qu'il a encore aujourd'hui en sa possession. Tout comme celui de Scopritori, unique rescapé d'un autodafé. Le seul et unique exemplaire d'un livre qui n'existe pas.

REMERCIEMENTS

Je remercie infiniment Paolo Grossi pour ses lumières italiennes et turinoises. Et pour Elias Canetti.

Merci à Olivier Nora pour son intérêt et sa confiance et à Juliette Joste pour nos conversations et sa lecture attentive.

Merci à G, comme toujours mon premier lecteur, qui m'a accompagnée sans faiblir durant cette écriture douloureuse, tumultueuse, passionnante.

SOURCES BIBLIOGRAPHIQUES

Ce roman n'aurait jamais vu le jour sans ma découverte de l'extraordinaire ouvrage de Lamberto Tassinari, *John Florio, the Man who was Shakespeare,* paru chez Giano Books en 2009, dans lequel il développe et défend sa thèse révolutionnaire. Il existe également une version française, *John Florio alias Shakespeare*, traduite par Michel Vaïs, parue en 2016 aux éditions Le Bord de l'eau, avec une préface de Daniel Bougnoux.

J'exprime ici toute mon admiration et ma dette envers ce livre.

Les livres suivants m'ont été particulièrement utiles :

Shakespeare's Unorthodox Biography, New evidence of an Authorship Problem, Diana Price, Greenwood Press, 2001.

John Florio, The Life of an Italian in Shakespeare's England, Francis A. Yates, Cambridge University Press, 1934.

John Florio's Italian & English Sonnets, Marianna Iannaccone, 2021.

The Metaphysical Poets, edited by Helen Gardner, Penguin Books, 1957.

The Plague in Shakespeare's London, F.P. Wilson, Oxford University Press, 1923, 1967.

The Time Traveller's Guide to Elizabethan England, Ian Mortimer, Vintage, 2021.

The A to Z of Elizabethan London, Adrian Prockter, Robert Taylor, introduction by John Fischer, London Topographical Society, 1979.

Will in the World, Stephen Greenblatt, W.W. Norton & Company, 2004, 2016.

The Lives of Tudor Women, Elizabeth Norton, Head of Zeus, 2016.

Shakespeare's London on 5 groats a day, Richard Tames, Thames & Hudson, 2009.

How to be a Tudor, a Dawn-to-Dusk Guide to Everyday Life, Ruth Goodman, Penguin Books, 2015.

Shakespeare's Globe Guidebook, Paul Shuter, Jane Shuter, The Shakespeare Globe's Trust, 2014.

Dictionnaire amoureux de Shakespeare, François Laroque, Plon, 2016.

Romeo and Juliet, edited by G. Blakemore Evans, The New Cambridge Shakespeare, Cambridge University Press.

The Merchant of Venice, edited by M.M. Mahood, introduction by Tom Lockwood, The New Cambridge Shakespeare, Cambridge University Press.

Hamlet, Prince of Denmark, edited by Philip Edwards, The New Cambridge Shakespeare, Cambridge University Press.

À Midsummer Night's Dream, edited by R.A. Foakes, The New Cambridge Shakespeare, Cambridge University Press.
The Tragedy of King Lear, edited by Jay L. Halio, The New Cambridge Shakespeare, Cambridge University Press.
The Tempest, edited by David Lindley, The New Cambridge Shakespeare, Cambridge University Press.
Macbeth, edited by A.R. Braunmuller, The New Cambridge Shakespeare, Cambridge University Press.
Sept contes gothiques, Karen Blixen, traduit de l'anglais par France Gleizal et Colette-Marie Huet, Le livre de poche.
Le Fascisme italien, 1919-1945, Pierre Milza, Serge Bernstein, Points Seuil, 1980.
Le Fascisme des Italiens, une histoire sociale, Patrizia Dogliani, traduit de l'italien par Caroline Pane, UGA éditions, 2020.

Toutes les citations traduites de l'anglais le sont par l'auteure.

DE LA MÊME AUTRICE (suite)

Théâtre

Toro ou le voyage en Espagne, dramatique pour France Culture, 1994.

Femme de la ville, in *La Métaphore, Théâtre National Lille Tourcoing*, éditions de La Différence, 1994.

Essai

Le Loup des steppes de Hermann Hesse, in *Le Livre d'où je viens, 16 écrivains racontent*, collectif, Le Castor Astral, 2012.

Poésie

Ton monde est le mien, 39 poètes contemporains, anthologie, Le Castor Astral, 2009.

Cet ouvrage a été imprimé sur Roto-Page
par l'Imprimerie Floch à Mayenne
pour le compte des éditions Grasset
en septembre 2024

Mise en pages
PCA 44400 Rezé

PAPIER CERTIFIÉ

Grasset s'engage pour l'environnement en réduisant l'empreinte carbone de ses livres. Celle de cet exemplaire est de :
700 g éq. CO_2
Rendez-vous sur www.grasset-durable.fr

N° d'édition : 23302 – N° d'impression : 105176
Dépôt légal : octobre 2024
Imprimé en France